Schweigefuchs und Flitzepause

W0058250

Tine Schulz ist 1981 in der Nähe der Ostsee geboren, hat in Wismar Kommunikationsdesign studiert und auf Rügen, in Stralsund und in Hamburg gearbeitet. Heute steht ihr Schreibtisch in Rostock, von wo sie für Verlage, Zeitungen, Magazine und sich zeichnet.

Martin Verg, großgeworden in einem Hamburger Journalistenhaushalt mit Hund, schreibt für Kinder – mal Krimis, mal Sachbücher, mal irgendwas dazwischen. Er war mehr als zehn Jahre lang Chefredakteur von GEOlino. Wie man ein junges, kritisches Publikum anspricht, übt er aber auch täglich zu Hause: Verg ist Vater zweier Töchter. Bei seinen Fachberaterinnen in Sachen Schulalltag möchte er sich an dieser Stelle bedanken. Sorry, dass für den essbaren Lippenstift kein Platz mehr war.

Mehr über unsere Bücher, Autoren und Illustratoren auf:
www.thienemann.de

Martin Verg

Schweigefuchs und Flitzepause

Tipps für deinen perfekten Schultag

Mit Illustrationen von Tine Schulz

Thienemann

Inhaltsverzeichnis

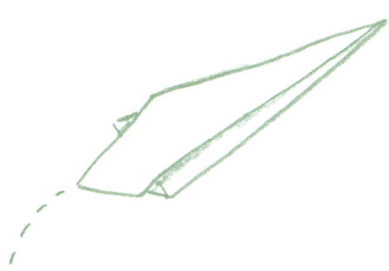

Vorwort
oder: was dieses Buch nicht ist

Liebe Leserin, lieber Leser,

auf den nächsten 160 Seiten lernst du keine Anlaut-
tabellen und nicht das kleine Einmaleins (vom großen ganz zu schweigen). Es geht weder um die Haupt-
städte der 16 deutschen Bundesländer (immerhin:
16 sind es, das weißt du jetzt schon nach drei Zeilen)
noch darum, wie man auf Englisch/Spanisch/Man-
darin »Guten-Tag-wie-geht-es-dir-Auf-Wiedersehen«
sagt.

Trotzdem wirst du am Ende eine ganze Menge Dinge erfahren haben, die du vielleicht zuvor noch nicht wusstest – die für den perfekten Schultag aber mindestens ebenso wichtig sind. Mit anderen Worten: den Lehrplan überlassen wir den Lehrern, wir kümmern uns ums Drumherum.

Geordnet ist das Ganze mehr oder minder – Achtung, Angeberwort! –chronologisch, also nach der Uhrzeit: Du beginnst beim ersten Weckerklingeln, erreichst über das Ranzenpacken und Tipps, um den Schulweg spannend zu gestalten, den Unterricht selbst. Du gehst in die Pausen, machst irgendwann deine Hausaufgaben. Und so weiter. Auf diese Weise führt dich dieses Buch, Kapitel für Kapitel, durch den Schultag. Lesen kannst du es trotzdem, wie du willst: von hinten nach vorn, mal hier, mal da, dieselbe Stelle wieder und wieder (warum auch immer ...).

Ganz gleich, wohin du als Nächstes blätterst:

Hab viel Spaß dabei!

6:00
MI
MI
Miiii
RINGELDRINGELDING
MÖP
MÖP

WUFF
WUFF
WUFF

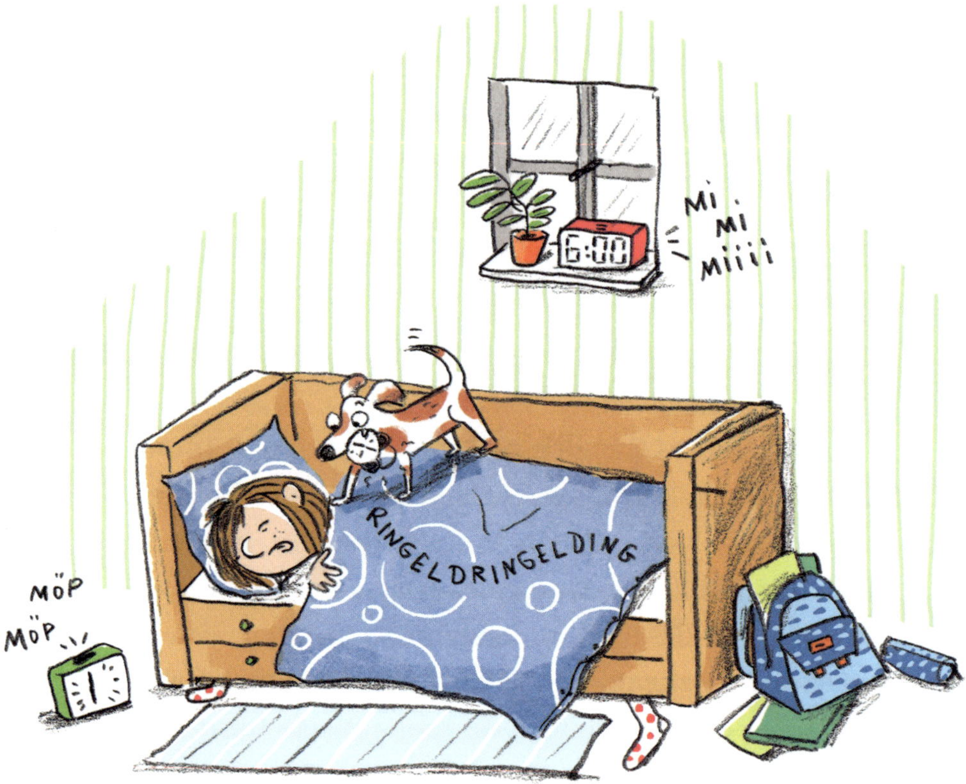

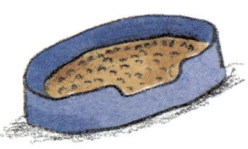

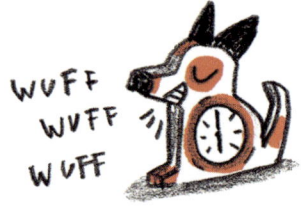

1

Vor dem Aufbruch

Drrrrrrrinnnng! Piep-piep! Kikeriki! Der Wecker klingelt (oder du hast mehr Glück, und deine Eltern singen dich mit einem fröhlichen Morgenlied aus dem Schlaf)! Ab jetzt beginnt die Routine, und die Sekunden zählen unerbittlich runter, bis du das Haus verlassen musst. Aber wie und womit?

In diesem Kapitel findest du:

→ Grundregeln der Wetterkunde

→ Pack- und Anziehtipps

→ eine Anleitung für eine Federtasche

Liebe, liebe Sonne: Grundregeln der Wetterkunde

Regen, Sonne, Sturm: Was wird der Tag bringen?

Manchmal ist das von vornherein klar. Weil es eh schon regnet oder schneit, oder die Sonne vom wolkenlosen Himmel strahlt. Für alle Zweifelsfälle gibt es die Wetter-App des Smartphones. Aber auch ohne technische Hilfsmittel kann dir ein aufmerksamer Blick aus dem Fenster eine Menge verraten …

Morgenrot? Schlechtwetter droht!

Das ist zum Beispiel die Farbe des Himmels. Klar, in den Wintermonaten wird er vor allem dunkel sein, das hilft dir an dieser Stelle nicht weiter. Für den großen Rest des Jahres gilt: Ist das Firmament herrlich orange bis rot gefärbt? Wunderbar, sieht toll aus – macht es jedoch recht wahrscheinlich, dass der Himmel im Laufe des Tages zuzieht und es möglicherweise regnet.

Wolken sind nicht gleich Wolken!

Fiel das Morgenrot aus, und ist der Himmel strahlend blau, hast du nichts zu befürchten. Stehen hingegen lustige kleine Wattebäuschchen am Himmel? Sind es gar bedrohliche schwarz-graue Türme? Dann aufgepasst! Jede Wolkenform kann Hinweise darauf geben, was der Tag bringt. Hier ein paar Beispiele!

Cirrus

In diesem Fall ist Langzeitbeobachtung gefragt: Lösen sich diese Federwolken bald auf, ist alles gut. Werden sie mehr und kräftiger, kannst du mit Regen rechnen. Kleiner Trost: Vermutlich noch nicht heute, sondern erst morgen oder tags darauf.

Cirrostratus

Diese Schleierwolke besteht aus Eiskristallen und ist manchmal wirklich fein wie ein Schleier. Daher der Name. Wird dieser Schleier dichter, ist das ebenfalls kein gutes Zeichen.

Cirrocumulus und Altocumulus

Die kleine und die große Schäfchenwolke unterscheiden sich, genau: in der Größe.
Und auch in der Höhe, in der sie entstehen. Eines ist aber bei beiden gleich: Sie sind Vorboten für schlechtes Wetter, bei der großen Variante wird es im Zweifel sogar ein Gewitter geben.

Altostratus

Diese Schichtwolke macht aus dem Himmel eine trübe, weiße Suppe. Regengefahr droht aber erst, wenn die Schicht weiter herabsinkt. Dann wird es nass – und zwar ordentlich!

Stratocumulus

Heißt auch Haufenschichtwolke – ein Name, der nichts Gutes verspricht. Stimmt aber nicht! Diese Wolkenform ist nicht nur die bei uns häufigste, sie ist auch als Einzige ein Garant dafür, dass das Wetter gut bleibt!

Nimbostratus

Die klassische Regenwolke! Wenn sie – gern als gewaltige, graue Front – über den Himmel rollt, wird es ungemütlich. Das wird nur noch getoppt vom ...

Cumulonimbus

Bis zu 15 Kilometer ragen diese Ungetüme in den Himmel, fast zweimal so hoch wie der höchste Berg der Erde! Sie sind nicht nur Regen-, sondern auch Gewitterwolken. Scheinen sie gelblich, kann es sogar Hagel geben.

Kleiderordnung: Pack- und Anziehtipps

Achtung:

Hier folgt keine Stilberatung, Modetipps wirst du vergeblich suchen. Es geht vielmehr darum, was du mit dem, was du gerade über das Wetter gelernt hast, aus dem Kleiderschrank holst. Ein Blick auf das Thermometer hilft zusätzlich. Vor allem im Frühling und Herbst kann der erste Blick aus dem Fenster trügerisch sein. Zwar haben dich die Wolken vielleicht auf Regen vorbereitet. Aber ob der fröstlige Morgen sich noch zu einem lauwarmen Mittag entwickelt? Manchmal schwer vorherzusagen (oder zu glauben, selbst wenn man den Wetterbericht kennt). Daher bist du gut beraten, deine Garderobe stets anpassen zu können – mit dem berühmten Zwiebellook! Das heißt nichts anderes, als möglichst viele Schichten zu tragen.

Statt in dickem Daunenmantel und drunter nur einem T-Shirt also lieber:

- windfeste, dünne Jacke
- Pulli
- langärmliges Hemd
- Unterhemd oder T-Shirt

Je nachdem, kannst du auf diese Weise Schichten an- oder ausziehen und bist immer perfekt gekleidet.

Programmvorschau

Was steht heute eigentlich an? Unerlässlich ist der morgendliche (oder für die ganz Vorausschauenden: vorabendliche) Blick auf den Stundenplan: Wie lange geht der Tag heute? Habe ich Sport oder nicht? Danach entscheidet sich schließlich, was alles in den Ranzen* muss.

Sprachforscher sind sich uneins, woher der Begriff »Ranzen« stammt. Erstmals taucht das Wort vor etwa 500 Jahren in der sogenannten Gaunersprache auf. Das war eine Geheimsprache, in der sich Landstreicher und Ganoven unterhielten, wenn sie Geheimnisse austauschen wollten.

Das rechte Packmaß

Zum Glück sind die meisten Schulen heute so weit, dass die Kinder viele Bücher und Hefte dort lassen und nur das Nötigste im Ranzen mitschleppen müssen. Für alle, bei denen das leider nicht so gut klappt (und für jeden, der trotzdem etwas über die Kunst des Packens wissen möchte), hier ein paar Tipps:

- Alle schweren Gegenstände wie Bücher gehören in das hinterste Fach. Denn je enger das geschulterte Gewicht am Rücken liegt, desto leichter lässt es sich tragen.

- Viele Ranzen besitzen üppige Seitentaschen. Die haben auch ihren Sinn (siehe unten). Achte aber darauf, dass du sie auf beiden Seiten ungefähr gleich belädst. Sonst bekommst du beim Tragen schnell Schlagseite und auf Dauer einen Gelenkschaden.

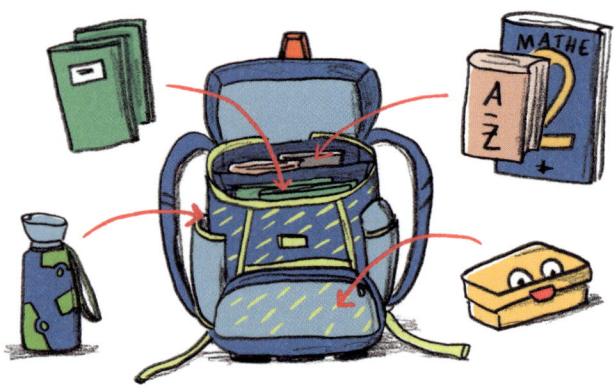

- Die Seiten- und Außentaschen sind ideal für alles, was zum Beispiel auslaufen kann – etwa deine Trinkflasche. Passiert es nämlich dort, ist es halb so schlimm: Deine Bücher und Hefte kriegen nichts davon ab. Auch deine Brotdose solltest du so verstauen, dass sie dir nichts versauen kann, falls sie unbemerkt aufgehen sollte. Oder wenn ein heißer Sommertag die Butter schmilzt und durch die Fugen fließen lässt.

- Natürlich solltest du auch ab und zu überprüfen, ob die Tragegurte richtig eingestellt sind. Denk dran: Du wächst, also muss dein Ranzen mitwachsen.

- Trotz allem gibt es Grenzen! Du darfst allerhöchstens ein Achtel deines Körpergewichtes mit dir schleppen. Kommt dir der Ranzen unerträglich schwer vor, mach den Test: Wiege dich, wiege ihn. Teile dein Gewicht durch acht. Wiegt der Ranzen mehr, läuft etwas falsch. Dann hilft nur, mal mit deiner Lehrerin oder deinem Lehrer zu reden.

Mein Ranzen war zu schwer heute, darum bin ich ohne gekommen.

Aus alt mach neu: Anleitung für eine Federtasche

Deine Federtasche gehört mit Sicherheit zu den Dingen, die du täglich von der Schule nach Hause und wieder zurück bringst. Sie wird entsprechend stark beansprucht. Solltest du also mal wieder Ersatz benötigen, baue ihn dir einfach selbst. Schon mal von Upcycling gehört? Das bedeutet, dass man aus alten Dingen neue macht – und sie dabei sogar noch aufwertet. Etwa Möbel aus Holzpaletten oder Sandalen aus Autoreifen. Ein schönes Beispiel für Upcycling ist auch diese Federtasche aus alten Flaschen.

Du brauchst:

- zwei gleich große PET-Flaschen
- einen Reißverschluss
  (so lang wie der Umfang der Flaschen)
- festes Garn und Nähnadel
- eventuell einen Fingerhut
- Cutter

1 Schneide beide Flaschen mit dem Cutter vorsichtig auf (oder lasse dir von einem Erwachsenen helfen), du benötigst jeweils den unteren Teil. Beide zusammen sollten eine Länge von 18 bis 20 Zentimeter haben.

2 Mit Nadel und Faden nähst du nun den geschlossenen Reißverschluss* von innen an die Oberkante des einen Flaschenteils. Das geht einfacher, wenn du einen Fingerhut aufsetzt.

3 Dann kannst du die Nadel mit mehr Kraft durch den Kunststoff drücken. Bist du einmal rum, verknotest du die Enden des Garns.

4 Öffne den Reißverschluss und nähe die andere Hälfte an das andere Flaschenteil – fertig ist die Federtasche und wartet nur noch darauf, befüllt zu werden!

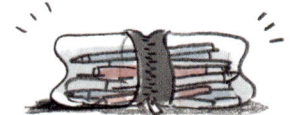

Letzter Check!

Nun solltest du gut für den Schultag gerüstet sein: mit den passenden Klamotten, im Ranzen alles, was heute benötigt wird ... oder? Wenn du ganz sichergehen möchtest, hänge dir eine Checkliste neben die Wohnungstür. Darauf kannst du auch vermerken, wenn es mal außer der Reihe Dinge zu bedenken gibt. Zum Beispiel: den Apfel fürs Apfelprojekt nicht vergessen. Oder: Achtung, Sportfest! Handtuch und Shampoo mitnehmen, wenn du hinterher duschen willst.

Jahrtausende lang musste jede Jacke, jede Tasche umständlich auf und zu geknöpft oder geschnürt werden. Was für eine Zeitverschwendung! Erst vor etwa 100 Jahren fand der Reißverschluss zunehmend Verbreitung. Auf jeden Fall eine der nützlichsten Erfindungen der Menschheit.

Der Schulweg

2

Ein letzter Blick auf die Uhr, und los geht's. Raus auf die Straße, ab auf den Schulweg (denn du fährst natürlich nicht mit dem Elterntaxi). Wahrscheinlich kennst du die Route im Schlaf und könntest sogar auf die Sekunde genau sagen, wie lange du von Haustür bis Schultor* benötigst. Das heißt leider nicht, dass du automatisch immer pünktlich bist …

In diesem Kapitel erhältst du:

→ Tipps gegen das Zuspätkommen

→ die lustigsten Ausreden, falls es doch mal passiert

→ Ideen für den Schulweg

Die Zeit fliegt, flieg mit: Tipps gegen das Zuspätkommen

Wenn du erst drei Minuten vor Schulbeginn das Haus verlässt, wirst du es nicht pünktlich schaffen (es sei denn vielleicht, deine Eltern sind die Hausmeister und ihr wohnt direkt in der Schule ...). Aber wie gelingt es denn nun am besten, immer rechtzeitig und dennoch entspannt loszukommen? Hier ein paar Ideen!

Weniger ist mehr

Niemand mag Weckerklingeln – niemand. Die meisten Menschen zögern es daher bis zum Letzten raus. Kurz piep-piep, dann hopp und aufgestanden. Wer regelmäßig Mühe hat, aus den Federn zu kommen, sollte es aber genau andersrum machen, sagen Experten. Lieber eine halbe Stunde früher klingeln lassen – und dafür gaaaanz gemächlich aufwachen können. Um die Nacht hinter dir zu lassen, hilft es auch, schon mal den Vorhang zu öffnen, etwas Licht anzumachen. Vielleicht ein wenig Musik?

Check, check!

Anziehen, frühstücken, Zähne putzen, Ranzen packen ... Schreibe doch mal auf, was du alles erledigen musst, ehe du das Haus verlässt. Schreibe eine Woche lang jeweils dahinter, wie lange du wofür gebraucht hast. So findest du vielleicht heraus, wo die Zeitfresser lauern, die dich am Ende die entscheidenden drei Minuten gekostet haben. Überlege auch mal, was davon du vielleicht schon am Vorabend abhaken kannst (frühstücken natürlich nicht, logo, aber zum Beispiel Ranzenpacken).

Jedes Kind in Deutschland muss zur Schule gehen, mindestens neun Jahre. Das ist gut, war aber nicht immer so. Die Schulpflicht ist eine relativ moderne Erfindung der Menschheitsgeschichte. Der Pokal für den ersten Ort der Erde, der sie bereits im Jahr 1592 einrichtete, geht an das kleine Herzogtum Pfalz-Zweibrücken im Südwesten Deutschlands. Herzlichen Glückwunsch!

Besser mit Puffer!

Trotz bester Planung kann immer etwas Unerwartetes dazwischenkommen. Du kippst dir die Milch über die Hose, euer Hund hat deine Schuhe versteckt, oder am schlimmsten: Deine Eltern haben dir diesen grottenhässlichen Pullover rausgelegt, und du musst dein Outfit für den Tag komplett neu zusammenstellen. Um von derlei Zwischenfällen nicht aus dem Takt gebracht zu werden, plane immer fünf Minuten Extrazeit ein. Wenn du sie nicht brauchst? Umso besser!

Falls es doch einmal passiert: die lustigsten Ausreden

Okay, du hast alles richtig gemacht. Den Wecker nicht überhört, die Checkliste abgehakt, deine Lieblingsklamotten rechtzeitig rausgelegt – und trotzdem kommst du zu spät? Dann gibt es dafür vermutlich gute Gründe. Ein Bus, der ausfällt. Ein platter Fahrradreifen, ein Mitschüler, der Hilfe brauchte. Kein Ding, gute Gründe wird jeder Lehrer akzeptieren (es sei denn, du kommst jeden Morgen damit um die Ecke). Manchmal gibt es jedoch eher keinen guten Grund. Dann kannst du es mit einer der folgenden Ausreden versuchen. Wenigstens ein paar Lacher wirst du auf deiner Seite haben.

Alles nur ein Traum

- Ich habe von einem Fußballspiel geträumt. Ausgerechnet als ich aufstehen sollte, ging es in die Verlängerung.

• Ich habe im Traum die Chinesische Mauer gebaut. Die war um halb sieben leider noch nicht fertig.

Schuld sind immer die anderen

• Meine große Schwester hat gestern vergessen, meine Hausaufgaben zu machen. Darauf musste ich heute Morgen noch warten.

• Am Frühstückstisch hatte ich mit meinen Eltern eine Diskussion, die leider sehr lange dauerte. Es ging ums Zuspätkommen.

● Ich fürchte, unser Hund hat heute Nacht meinen Wecker verschluckt!

● Mein Vater hatte vergessen, mir eine Entschuldigung zu schreiben. Also musste ich erst bei seiner Arbeit vorbeifahren und sie mir dort von ihm holen.

● Ich bin davon aufgewacht, dass mein Meerschweinchen hustet. Heute früh bin ich erst mal mit ihm zum Tierarzt gefahren.

Ungeahnte Hindernisse

- Entschuldigung, der Bus hat sich verfahren.

- Ich hatte beim Radfahren zu viel Gegenwind.

- Wegen Stromausfalls blieb die Straßenbahn einfach stehen.

- Ich hatte einen Stein im Schuh und konnte nicht schneller gehen.

- Ich bin in der U-Bahn eingeschlafen und habe meine Haltestelle verpasst.

Gute Reise: Ideen für den Schulweg

Kleines Rechenbeispiel! Angenommen, für deinen Schulweg benötigst du 20 Minuten, dann heißt das: Du latschst (oder radelst) jede Woche mehr als drei Stunden dieselbe Strecke entlang. Oder anders: Pro Schuljahr verbringst du auf diesem Weg so viel Zeit, wie du zu Fuß von Berlin nach München unterwegs wärst! Kein Wunder: Das kann schnell mal langweilig werden. Muss es aber nicht.

Mal hier, mal da

Ein Tipp, den auch Kreativtrainer lehren: mal eine neue Route testen, so bleibst du frisch im Kopf und verfällst nicht in die immer gleiche Trägheit. Wenn du auf dem Dorf wohnst und nur eine einzige Straße schnurstracks zur Schule führt, ist das schwierig. In der Stadt hingegen gibt es in der Regel eine Reihe Möglichkeiten, sich mal linksrum, mal rechtsrum zu wenden.

Bäumchen, zähle dich

Warum nicht die Zeit nutzen, etwa für eine kleine Bestandsaufnahme deines Viertels. Du kannst zum Beispiel alle Bäume zählen, die du auf dem Weg passierst.

Am nächsten Tag wiederholst du die Übung mit den verschiedenen Baumarten (Linde, Buche, Eiche und so).

Zu schwierig?

Dann eben mit Autos, mit Briefkästen, mit Menschen, denen du begegnest ...

Aufwärmübung

Ein gesunder Geist braucht einen gesunden Körper, wussten schon die Römer. Nutze den Schulweg zum Aufwärmen und hüpfe auf einem Bein, gehe rückwärts, trabe ein Stück – und wenn der Unterricht beginnt, wirst du viel wacher sein (und vielleicht ein bisschen verschwitzt)!

Alles ein Spiel

Viele Kinder gehen gemeinsam zur Schule. Das ist sowieso schon mal netter, weil man unterwegs den neuesten Klassenklatsch austauschen kann. Vielleicht lässt sich dein Wegbegleiter oder deine Wegbegleiterin aber auch dafür gewinnen, die Strecke zum Spielfeld zu machen. Zum Beispiel so: Immer, wenn ihr an bestimmte Stellen kommt (der große Baum/die kleine Kreuzung/das Haus, wo der schlecht gelaunte Hund wohnt), würfelt ihr. Wer die niedrigere Zahl hat, muss eine Aufgabe lösen: ein Lied singen, fünf Kniebeugen machen, einen Klingelstreich … nein, sooooo was natürlich nicht. Das würde bestimmt Ärger geben ;-)

Im Unterricht

Nicht für die Schule, fürs Leben lernen wir. Diese Weisheit aus dem alten Rom hast du vielleicht auch schon gehört. Der knapp 2.000 Jahre alte Spruch geht genau andersherum – *non vitae sed scholae discimus!* Der griechische Philosoph Seneca beklagte damit, dass wir immer nur für die Schule lernen statt fürs Leben. Stimmt so natürlich auch nicht, aber: Wir! Müssen! Lernen! Vor allem in der Schule. Rechtschreibung und Bruchrechnung, englische Vokabeln und den Kreislauf des Wassers. Bloß, wie soll man sich das alles merken?

Dieses Kapitel erklärt dir:

→ ein paar bewährte Lerntechniken
→ hilfreiche Eselsbrücken
→ Ideen für den perfekten Schummelzettel

Findet Mnemo: bewährte Lerntechniken

Achtung, komisches Wort: Mnemotechnik. Es kommt von altgriechisch mneme* und techne und bedeutet so viel wie Erinnerungskunst oder Gedächtnistraining. Vereinfacht gesagt geht es darum, was immer du dir merkst, nicht bloß im Kurzzeitgedächtnis zwischenzulagern, sondern ins Langzeitgedächtnis zu bringen. Das funktioniert durch Wiederholung. Dadurch, dass du Unbekanntes mit Vertrautem kombinierst. Dass du im Kopf Bilder und Geschichten entstehen lässt, die jeden noch so trockenen Stoff mit Leben füllen. Wissenschaftler haben in Experi-

menten herausgefunden, dass du mit diesen Techniken theoretisch so ziemlich alles auswendig lernen kannst. Aber keine Sorge: Das verlangt niemand ...

Ersatzwörter

Diese Technik ist beliebt und bewährt, wenn es darum geht, Fremdsprachen oder Fremdwörter zu lernen. Ein Beispiel: Mäuse heißt auf Englisch mice. Das wird »mais« ausgesprochen. Mäuse fressen Mais, zack, fertig ist die Gedankenstütze. Liest du das nächste Mal das Wort mice, wirst du sofort die Bedeutung kennen. Noch ein Beispiel? Käse heißt auf Englisch cheese, das klingt wie tschies – also fast wie das »schieß« in »schieß die Löcher in den Käse«. Fragt dich künftig jemand danach, hast du sofort dieses Bild vor Augen, jede Wette! Wie erfolgreich du mit dieser Technik bist, hängt allein von deiner Fantasie ab. Und davon, wie viele Ersatzwörter dir einfallen.

*

Mneme heißt auch einer der vielen Monde des Planeten Jupiter. Er wurde erst im Jahr 2003 entdeckt und damals zunächst auf den entschieden langweiligeren Namen S/2003 J21 getauft.

Geschichten-Trick

Für einzelne Begriffe funktioniert das mit den Ersatzwörtern gut. Aber was, wenn du eine ganze Reihe Begriffe parat haben sollst? Etwa weil dein Sachkundelehrer fragt, woraus Milch besteht? Dann ist der Geschichten-Trick an der Reihe. Geschichten kann sich unser Gehirn nämlich besser einprägen als eine unzusammenhängende Liste von Wörtern. Einziger Haken: Du musst dir eben eine Geschichte ausdenken. Die könnte für das Beispiel Milch folgendermaßen lauten:

Ein **fett**er Mann hinterließ **Spuren** im **Wasser**, als er **zwei weiße Lackdosen** öffnete und darin nur **Vitamine** fand.

Ganz klar, die Bestandteile sind:
- Fett,
- Spuren(-elemente),
- Wasser,
- Eiweiß,
- Lackdose (=Laktose),
- Vitamine

Zahlen-Symbol-Technik

Nicht immer sollst du dir nur Texte oder Wörter merken. Manchmal auch Zahlen – lange Zahlen! Wie die Telefonnummer deiner Oma oder die Zahl Pi*. Wer oder was ist Pi? Das ist die Zahl, mit deren Hilfe du Umfang und Durchmesser von Kreisen bestimmen kannst. Und leider eine sehr ungerade und nicht enden wollende Zahl. Mit den ersten zehn Stellen nach dem Komma lautet sie: 3,1415926535. Mach gern den Test, lies diese Ziffernfolge einmal laut vor – und versuche sie dann aus dem Gedächtnis zu wiederholen. Genau ... ist ziemlich schwierig! Eine Methode, die Gedächtnisakrobaten für derlei Probleme anwenden, ist die Zahlen-Symbol-Technik. Dabei steht jede Ziffer für einen Gegenstand, etwa weil ihre Form daran erinnert:

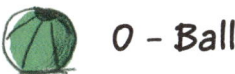 0 – Ball

1 – Kerze

 2 – Schwan

3 – Dreizack

 4 – Segel

5 – Haken

 6 – Kirsche

7 – Sense

 8 – Sanduhr

9 – Luftballon

40

Der Trick ist nun, sich eine Geschichte auszudenken, in der die Gegenstände in der Reihenfolge vorkommen, in der du dir die Zahl merken willst. Zum Beispiel so:

Mit einem **Dreizack** spieße ich die **Kerze** auf und will das **Segel** anzünden. Doch leider bleibt die **Kerze** an einem **Haken** hängen. Ein **Ballon** platzt, und vor Schreck lässt der **Schwan** die **Kirsche** fallen – die nun auch am **Haken** hängen bleibt. Genervt picke ich sie mit meinem **Dreizack** vom **Haken** herunter.

3.1495926535897932384....

*

Das Auswendiglernen und Aufsagen von Pi ist für Gedächtnisakrobaten ein richtiger Sport. Den offiziellen Weltrekord hält zurzeit Suresh Kumar Sharma aus Indien. In knapp über 17 Stunden betete er sage und schreibe 70.030 Nachkommastellen herunter.

Dicke Füße ohne Seife: hilfreiche Eselsbrücken

Die Eselsbrücke ist eigentlich auch nichts anderes als eine Mnemotechnik. Aber eine, die du nicht selbst mit Inhalt füllen musst – das haben schon andere für dich getan, vielen Dank dafür! Ihren lustigen Namen, so heißt es, haben die Eselsbrücken tatsächlich von Eseln und Brücken. Die Vierbeiner kann man angeblich nur schwer dazu bewegen, die Hufe ins Wasser zu setzen. Wer mit seinem Esel unbedingt ans andere Ufer will, muss dem Tier also eine Brücke bauen. Im übertragenen Sinne bedeutet das, aus trockenen Informationen einen Reim zu formen oder einen ulkigen Spruch. Aber lies selbst (und merk es dir dann):

So erinnerst du die vier Himmelsrichtungen – von oben im Uhrzeigersinn:

Nie Ohne Seife Waschen =
Norden, Osten, Süden, Westen.

So wandert die Sonne im Tagesverlauf über den Himmel:

> Im Osten geht die Sonne auf,
> im Süden nimmt sie ihren Lauf,
> im Westen wird sie untergeh'n,
> im Norden ist sie nie zu seh'n.

In dieser Reihenfolge kreisen die acht Planeten unseres Sonnensystems um die Sonne:

> Mein Vater Erklärt Mir Jeden Sonntag
> Unseren Nachthimmel = <u>M</u>erkur, <u>V</u>enus,
> <u>E</u>rde, <u>M</u>ars, <u>J</u>upiter, <u>S</u>aturn, <u>U</u>ranus, <u>N</u>eptun

Woher weißt du, ob der Mond gerade ab- oder zunimmt?

Sieht er aus wie ein kleines q, nimmt er ab.

Welcher Monat des Jahres hat wie viele Tage?

Balle die linke Hand zur Faust und zähle ab dem kleinen Finger nach rechts alle Knöchel und jede Vertiefung dazwischen. Knöchel heißt 31 Tage, Vertiefung 30 (okay, mit Ausnahme des Februar, der hat nur 28 oder, in einem Schaltjahr, 29). Beim Knöchel des Zeigefingers angelangt, solltest du den Juli erreicht haben. Weiter geht es mit der rechten Hand – und dem Knöchel des rechten Zeigefingers. Denn der auf Juli folgende August hat ebenfalls 31 Tage.

Sommerzeit, Winterzeit ... wie war das noch mit der Zeitumstellung?

Im Frühling stellt man die Sonnenliegen **vor** das Haus, im Herbst stellt man sie **zurück**.

Welcher Ton steht, von unten nach oben im Violin-
schlüssel, auf welcher Notenlinie?

Eine Gans Hat Dicke Füße = E, G, H, D, F

Wie heißen die Saiten vom tiefsten zum höchsten
Ton auf einer Geige?

Geh Du Alter Esel = G, D, A, E

Und auf einer Gitarre?

Eine Alte Dame Ging Hühnchen Essen =
E, A, D, G, H, E

Das oder dass? Wer hätte gedacht, dass das so einfach ist:

Das »s« in »das« muss einsam bleiben, kannst du auch »dieses« oder »welches« schreiben.

Und zum Abschluss noch zwei Rechtschreib-klassiker, die deine Eltern schon gelernt haben (sollten ...):

<u>Gar nicht</u> wird gar nicht zusammengeschrieben.
Wer <u>nämlich</u> mit h schreibt, ist dämlich.

Ran an den Spick: der perfekte Schummelzettel

Liebe Eltern, verehrte Lehrerinnen und Lehrer! Ehe ihr die folgenden Seiten herausreißt: Lest diese Zeilen zu Ende. Ja, es stimmt. Gleich kommen ein paar richtig gute Tipps für die perfekte Schummelei, um die Mathearbeit zu retten oder den Vokabeltest zu meistern. Ja, es stimmt auch, dass das natürlich verboten ist. Und wer dabei erwischt wird, tja ... Pech gehabt.

Trotzdem sind Spickzettel gar nicht so doof. Denn in aller Regel handelt es sich um seeehr kleine Zettel. Auf denen seeehr viele Informationen untergebracht und daher aufs Wesentliche eingedampft werden müssen. Das geht aber nur, wenn man sich seeehr eingehend damit beschäftigt, auf diesem Weg schon eine ganze Menge lernt, versteht und behält – und den Zettel am Ende vielleicht gar nicht mehr braucht. Genial, oder? Also, los!

Der Bierdeckel

Nimm einen eckigen Bierdeckel oder ein ähnlich großes, ähnlich dickes Stück Pappe und schreibe die Vokabeln, Formeln, Jahreszahlen auf eine seiner Seiten. In eine der Ecken bohrst du eine Reißzwecke, mit dieser kannst du den Deckel von unten an der Tischplatte befestigen – und zwar so, dass du ihn wie ein Taschenmesser ausklappen (und bei Gefahr – Lehrer im Anmarsch) – wieder einklappen kannst.

Das Pflaster

Schreibe deine Lösungen auf deinen Unterarm und klebe ein großes Pflaster darüber. Das musst du dann nur noch leicht anheben, um an die Information zu gelangen. Achtung: Allzu groß darf das Pflaster nicht sein. Wickelst du dir den halben Arm ein, sieht es eher nach Notaufnahme aus, das nimmt dir keiner ab!

Der Strumpf

Eine Variation zum Pflastertrick: Du schreibst – am besten kopfüber – auf deine Beine kurz oberhalb der Knöchel und ziehst deine Strümpfe hoch genug. Nun musst du nur einen offenen Schnürsenkel vortäuschen, schon kannst du ungefährdet abtauchen und nachlesen. Du solltest natürlich darauf achten, tatsächlich Schnürschuhe anzuziehen ...

Das Etikett

Denk dran: immer ausreichend trinken, nicht nur im Sommer. Das braucht dein Körper, das braucht auch dein Kopf. Eine Wasserflasche solltest du also in jede Klassenarbeit mitnehmen und bei der Gelegenheit folgendermaßen aufrüsten: Löse vorsichtig das Etikett ab, beschreibe die Rückseite – und klebe es wieder auf die Flasche. Klar, diese muss durchsichtig sein, und auch nicht randvoll mit Johannisbeersaft.

Die Schokolade

Schokolade ist Nervennahrung: Der Zucker darin bringt das Gehirn, zumindest kurzfristig, auf Trab. Eine Tafel auf dem Tisch sollte also unverdächtig sein. Kann ja niemand ahnen, dass du alle wichtigen Informationen zu Hause in mühevoller Kleinarbeit hineingeritzt hast. Schöpft dein Lehrer dennoch Verdacht: schnell zubeißen und das Beweisstück vernichten!

Faule Tricks

Viel einfacher als alle hier beschriebenen Möglichkeiten, ist es natürlich, wenn du während der Klassenarbeit auf die Toilette gehst und dein Smartphone mit hinausschmuggelst.
Oder das Vokabelheft schon seit der letzten Pause auf dem Spülkasten bereitliegt. Aber das sind faule Tricks, bei denen du nichts lernst und die dich am Ende nicht weiterbringen.
Außerdem: Spätestens, wenn deine Toilettengänge den Zehnminutentakt erreichen, machst du dich verdächtig.

Denn eines musst du wissen: Deine Lehrer sind nicht doof, die kennen diese Tricks und noch einige andere schon lange!

4

Die Pausen

(bei gutem Wetter)

Ding-Dong ... Pause. Deutsch vorbei, Musik beginnt in 20 Minuten. Und bis dahin? Vielleicht mal aufs Klo gehen. Auf jeden Fall was essen. Und dann – spielen!

In diesem Kapitel gibt es:

→ Rezepte für zwischendurch
(liebe Eltern, natürlich voll gesund;
liebe Leserin, lieber Leser: keine Sorge,
trotzdem voll lecker!)

→ lustige Spieletipps für kleine und
große Gruppen

→ eine Anleitung zur Herstellung von
Kreide (weil du die nämlich für einige
der Spiele benötigst)

Biss zum Pausenklingeln: Rezepte für zwischendurch

Bananenchips: kleine Kracher

Schon mal in den Ranzen gegriffen und statt der Federtasche eine matschige Banane erwischt? Kann passieren, vor allem wenn das gute Stück schon ein paar Tage zwischen Deutschmappe und Matheheft verbracht hat. Weil du es einfach vergessen hast – oder schlicht kein Fan von überreifem Obst bist*.

Eine vergessene Banane oder eine nicht verputzte Honigstulle mögen dir wenig vorkommen. Aber überlege mal, wie viele Kinder es gibt. Wenn die alle ihr Pausenbrot verschmähen, kommt eine ganze Menge zusammen. Jedes Jahr landen allein in Deutschland 13 Millionen Tonnen Lebensmittel im Müll, in Güterwagen verladen wäre das ein Zug von mehr als 4.000 Kilometer Länge. Was für eine Verschwendung! Wir können alle dazu beitragen, dass dieser Zug kürzer wird, indem wir nur kaufen und zubereiten, was wir wirklich essen können und wollen.

Dabei sind Bananen sooooo gesund, werden deine Eltern jetzt vielleicht einwenden! Stimmt. Daher ein Vorschlag: Probiere dieses Rezept aus, damit wird jeder zum Bananenmonster!

Du brauchst:

ein paar Stunden Geduld

Blech

1-2 Bananen

etwas Zitronensaft

Pinsel

Backpapier

So geht's:

1 Schneide die Bananen in möglichst dünne Scheiben, mehr als zwei, drei Millimeter sollten sie nicht messen.

2 Lege das Blech mit Backpapier aus und verteile die Scheiben darauf.

3 Bestreiche die Scheiben mit Zitronensaft. Der verhindert, dass die Bananen braun werden. Aber Vorsicht: Nur wenig Saft verwenden, sonst werden die Chips zu sauer.

4 Nun muss das Ganze in den Ofen und zwar sehr lange! Bei etwa 80 Grad brauchen die Chips rund fünf Stunden.
Wichtig: klemme einen Kochlöffel so in die Öffnung, dass die Tür einen Spalt offen steht.

5 Sind die Chips durchgetrocknet und knusprig, musst du sie luftdicht verpacken. Dann halten sie einige Wochen. Also ... theoretisch. Praktisch wirst du sie sicher vorher aufgefuttert haben.

Schieb den Riegel vor!

Bananenchips sind gut, aber es darf gern etwas anspruchsvoller in der Zubereitung sein? Dann versuch dich an diesem Müsliriegel. Dank der Nüsse, Kerne und Körner ist er ein echter Energiebringer. Genau das Richtige zum Beispiel vor der Sportstunde. Aber auch damit dein Köpfchen bei der nächsten Mathearbeit gut versorgt ist.

Du brauchst:

- 1 Apfel
- 25 g Mandeln
- 25 g Haselnüsse
- 25 g Sonnenblumenkerne
- 100 g getrocknete Pflaumen oder Aprikosen
- 50 g Rosinen
- 75 g Haferflocken
- 75 g Mehl
- 2 Esslöffel Honig
- eine Prise Salz
- Küchenmaschine zum Zerkleinern der Zutaten
- Backblech und Backpapier

1 Schäle den Apfel, entferne das Gehäuse und gib ihn mitsamt den Mandeln, Haselnüssen, Sonnenblumenkernen, Pflaumen oder Aprikosen, Rosinen und Haferflocken in die Küchenmaschine, um das Gemisch zu zerkleinern.

Tipp:
Bei dir zu Hause gibt es keine Küchenmaschine? Macht nichts, dann arbeitest du von vornherein mit gehackten Mandeln und Nüssen und schneidest das Obst klein.

2 Dann kommen die restlichen Zutaten dazu, also Mehl, Honig und Salz.

3 Verknete das Ganze zu einer Art Teig.

4 Lege das Blech mit Backpapier aus und verstreiche den Teig gleichmäßig darauf. Das Blech muss nun bei 180 Grad für etwa eine halbe Stunde in den Ofen.

5 Den gebackenen Teig schneidest du am besten noch warm nach Belieben in Riegelform. Auch hier gilt: Entweder gleich essen oder luftdicht verpacken.

Noch ein Tipp:
Rosinen sind nicht so dein Ding? Ersetze sie einfach durch entsprechend mehr von dem anderen Trockenobst.

Nicht nur für Fladenhüter

Ach so, du machst dir nichts aus süßen Sachen? Tja, das kommt vor, und auch dafür gibt es eine leckere Idee, die garantiert jedes lahme Käsebrot aussticht – den Wrap! Das ist Englisch und heißt so viel wie »einwickeln«. Denn darum geht es: beliebige Zutaten in einen dünnen Teigfladen zu wickeln. Zum Beispiel so:

Du brauchst:

- Wraps (die blanken Teigfladen gibt es im Supermarkt, wenn du sie nicht selbst backen möchtest)
- Frischkäse
- ein paar Salatblätter
- eine halbe Tomate
- etwas Gurke
- wenn du magst: ein bisschen Schnittlauch
- Pfeffer und Salz

1 Schneide Gurke und Tomate in möglichst dünne Scheiben. Damit die Tomate den fertigen Wrap nicht aufweicht, entfernst du die Kerne und das glitschige Innere drumherum.

2 Bestreiche die Teigfladen mit dem Frischkäse, lege dann ein, zwei Salatblätter, Gurken- und Tomatenscheiben in die Mitte und würze nach Belieben mit Schnittlauch, Pfeffer und Salz.

3 Dann wird gewickelt und geschnitten – und zwar am besten so:

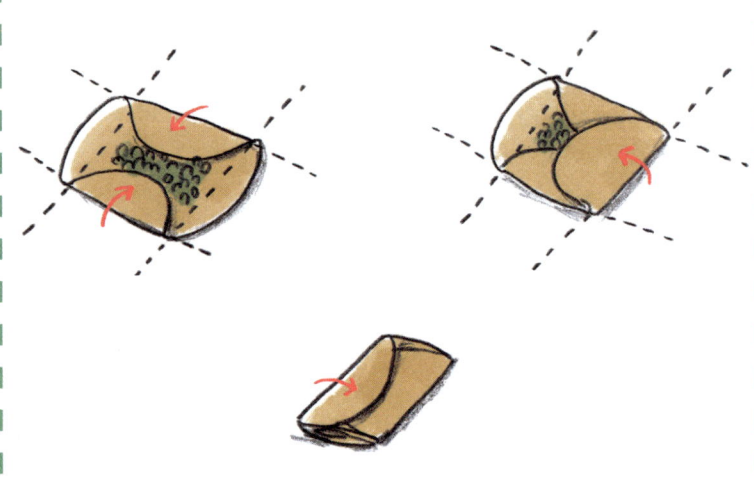

4 Letztendlich kannst du den Fladen füllen, womit du willst. Entscheidend ist die Falttechnik am Ende. Warum experimentierst du nicht ein bisschen herum, wer weiß, welches Spezialrezept dir dabei einfällt. Apfel mit Schinken und Schokostreuseln? Erdnussbutter mit Mais und Käsewürfeln? Die Fantasie kennt bei diesem Rezept keine Grenzen!

Wer findet den Knotenschlüssel: lustige Spieletipps

Du hast dich gestärkt? Dann auf zum Spielen und Spaßhaben! Für dieses Spiel benötigst du nichts als möglichst viele Mitspieler und deren Hände. Ach doch … ein wenig Köpfchen kann auch nicht schaden!

- Stellt euch in einem großen Kreis auf, schließt die Augen und streckt die Arme nach vorn aus.

- Jemand gibt das Startsignal, dann gehen alle Richtung Kreismitte.

- Wer die Hand eines Mitspielers zu fassen kriegt, hält sie fest.

- Sobald jede Hand eine andere hält, dürft ihr die Augen wieder öffnen. Was für ein Durcheinander!

- Wie schafft ihr es, diesen Knoten* zu lösen, ohne dass losgelassen wird?

- Da hilft nur eines: den Wirrwarr genau untersuchen – und sich dann drehen, winden und verrenken.

Tipp:
mal ist es einfacher, wenn ein Spielleiter die Anweisungen gibt, der nicht Teil des Knotens ist, sondern das Ganze von außen begutachten kann.

Derart schwere bis unlösbare Knoten werden auch als »gordisch« bezeichnet. Das geht zurück auf eine alte Legende. Danach war das Zuggeschirr am Streitwagen des Königs Gordios mit einem Knoten versehen, den niemand zu lösen vermochte. Gut so, denn wem es gelingen würde, der würde Herrscher über ganz Asien sein. Pech für Gordios: In den Regeln stand nirgends, man müsse das Seil entwirren. Und so kam der griechische Feldherr Alexander der Große vorbei, hackte den Knoten mit seinem Schwert durch – und wurde tatsächlich Herrscher eines Reiches, das von Griechenland bis Indien reichte. Allerdings war in Wahrheit ein bisschen mehr Einsatz nötig als dieser eine Schwerthieb ...

Bällchen wechsle dich

Angeblich stammt dieses Spiel aus China, und es fliegen dabei Orangen im Kreis. Ob das nun stimmt oder nicht, ist es vielleicht ohnehin besser, Bälle zu verwenden.

Du brauchst:

- zwei gleich große Bälle
- eine gerade Anzahl von Mitspielern, mindestens acht, gern mehr

So geht's:

- Stellt euch in einem Kreis auf und sagt der Reihe nach abwechselnd 1 und 2. Oder A und B. Oder Hund und Katze ... das sind die beiden Teams.

- Jedes Team bekommt nun einen Ball, am besten, ihr startet so, dass die Kinder mit Ball einander ungefähr gegenüber stehen.

- Auf ein Kommando geht es los, und du spielst den Ball einem deiner Mitspieler zu – also einem Kind, das zum selben Team gehört wie du.

- Wirfst du versehentlich einem Mitglied der gegnerischen Mannschaft in die Arme, musst du dich auf den Boden setzen. Ebenso, wenn dir der Ball runterfällt, egal, ob du Werfer oder Fänger bist.

Das Spiel endet, sobald von einem Team nur noch ein Kind steht. Dann hat die andere Mannschaft gewonnen.

Der Name ist (nicht) alles

Einst hieß es Seilspringen, und man sprang über ein Seil. Inzwischen sprechen viele lieber von Rope Skipping (was Englisch ist und haargenau dasselbe bedeutet) und präsentieren immer neue Tricks und Figuren*. Hier sind ein paar davon.

Nimm ein mittellanges Springseil und einen Partner, der halbwegs geübt ist im Springen. Dann fasst ihr euch an den Händen und mit der jeweils freien Hand ein Ende des Seils. Auf geht's, versucht euren gemeinsamen Rhythmus zu finden!

Das hat gut geklappt? Dann weiter! Jetzt fasst jeder ein Ende des Seils, aber ihr springt nicht zugleich – sondern tauscht bei jedem Schlag.

Also erst so:    Dann so:

Wie bitte, das langweilt dich, du wünschst es noch etwas vertrackter? Dann mal los! Jetzt benötigt ihr zwei Springseile. Stellt euch nebeneinander und fasst erst das eine Seil mit der linken Hand, dann das andere mit der rechten. Beide Seile sollen hinter euch auf dem Boden liegen. Dann beginnt ihr mit dem, das ihr rechts haltet. Es folgt das linke … und immer so weiter.

Applaus, Applaus! Spätestens, wenn das klappt, ist dir die Aufmerksamkeit des gesamten Schulhofs sicher (na ja ... solange es nicht klappt, vielleicht auch).

Seilspringen scheint für viele auch eine Disziplin zu sein, in der man prima irgendwelche Weltrekorde aufstellen kann. Zwei Beispiele: Emmanuel Oyindamola aus Nigeria schaffte 142 Sprünge in einer Minute. Auf einem Bein. Das andere hatte er sich hinter den Kopf geklemmt. Sella Rosa Rega aus den USA ist dagegen 24 Stunden durchgehüpft. In dieser Zeit vollführte sie 168.394 Sprünge.

Hinken, Hüpfen, Hopsen!

Hickelkasten, Hinkepott, Humpelchen, Tempelhupfen – der Klassiker unter den Hüpfspielen hat mehr Namen als die Inuit für Schnee. Und blickst du erst über den Tellerrand, wirst du feststellen: Kinder hüpfen beinahe auf der ganzen Welt durch Kreidekästchen. Kommst du in den Ferien mal in ein Land, dessen Sprache du nicht verstehst, hüpf einfach los, deine Altersgenossen werden schon verstehen, was du da tust!

Du brauchst:

- Kreide (falls du keine hast, auf Seite 77 steht, wie du sie selbst machen kannst)
- einen flachen Stein
- mindestens einen, gern mehr Mitspieler

- Als Erstes brauchst du natürlich ein Spielfeld. Hier ist die einfachste Version, male sie mit Kreide auf den Schulhof:

- Wer dran ist, wirft einen kleinen Stein in das Feld mit der 1, dann springt er auf einem Bein los – über die 1 hinüber und Feld für Feld bis zur Nummer 7. Dort kann er kurz verschnaufen und darf auf beiden Beinen ausruhen. Ehe es zurückgeht bis Feld 2. Dort ist wieder Pause, aber nur kurz, um den Stein einzusammeln, natürlich einbeinig!

- Jetzt muss der Stein in Feld 2 geworfen und dieses beim Drüberhüpfen ausgelassen werden, beim nächsten Mal Feld 3 und so weiter, bis der Stein in Feld 7 angekommen ist – oder …

- … bis der Spieler entweder ins falsche Feld wirft oder beim Hüpfen einen Fehler macht. Zum Beispiel auf eine Linie tritt. Dann ist sofort der nächste Spieler am Zug.

- Sind alle ausgeschieden, weil sie Fehler gemacht haben, geht es wieder mit dem ersten Spieler los, der dort weitermacht, wo er aufgehört hat.

- Das Spiel gewinnt, wer als Erster mit seinem Stein Feld 7 erreicht und seine letzte Hüpfrunde fehlerfrei geschafft hat.

Hüpfen ist ja ganz hübsch, aber Hinkepott und Hum-
pelchen ringen dir nur ein müdes Gähnen ab?
Dann mach doch mal die Schnecke, sozusagen das
Springspiel für Profihopser.

Du brauchst:

- Kreide
- einen flachen Stein
- ein paar Mitspieler

- Zeichne mit der Kreide ein Schneckenhaus auf den Boden. Ungefähr so:

- Jedes Feld sollte mindestens so groß sein wie dieses Buch, wenn es aufgeschlagen ist.

- Wer anfangen möchte, wirft den Stein auf das Feld mit der 1. Statt nun aber drüberzuhüpfen, springst du auf einem Bein in dasselbe Feld, dann schiebst du den Stein mit der Fußspitze des anderen Beines ein Feld weiter.

- Achtung! Solltest du den Stein zu weit kicken oder ganz aus dem Schneckenhaus hinausbefördern, endet dein Zug. Das gilt auch, wenn du mit einem Fuß auf eine der Linien trittst.

- Dann ist der nächste Spieler dran und beginnt ebenfalls bei Feld 1. Du bist erst wieder an der Reihe, wenn alle nach dir ebenfalls einen Fehler gemacht haben, und beginnst erneut von vorn. Zu fies? Ihr könnt natürlich auch zu Spielbeginn vereinbaren, dass jeder wieder dort startet, wo er aufgehört hat.

- Das Spiel gewinnt, wer als Erster das letzte Feld des Schneckenhauses erreicht hat.

Gips das? Eine Anleitung zur Herstellung von Kreide

Um Spielfelder auf den Pausenhof zu malen, kannst du natürlich ein paar Kreidestücke aus dem Klassenraum mitgehen lassen. Mehr Eindruck bei deinen Mitschülern (und weniger Ärger bei deinen Lehrern) macht es, wenn du die Kreide* selbst herstellst. Das geht ganz einfach.

Du brauchst:

- vier leere Klorollen
- breites Kreppband
- Gips aus dem Baumarkt
- ein paar Tropfen Spülmittel
- eventuell Lebensmittelfarbe
- Messbecher
- Löffel

- Als Erstes bereitest du deine Gussformen vor. Dafür nimmst du die Klopapierrollen und klebst jeweils eine ihrer Öffnungen mit dem Kreppband zu. Dann stellst du sie zum Befüllen bereit, das heißt so, dass sie möglichst nicht umkippen können. Zum Beispiel, indem du sie alle vier mit dem Kreppband zu einem Bündel zusammenklebst.

- Rühre den Gips mit Wasser an, wie auf der Packung beschrieben – am besten in einem Messbecher: Du brauchst ziemlich genau einen halben Liter, um die vier Formen zu füllen.

- Gib zwei, drei Tropfen Spülmittel in den Gips. Dadurch ist die Kreide später besser abwaschbar (solltest du damit versehentlich an einem Ort gemalt oder geschrieben haben, der dafür nicht vorgesehen war ...).

- Wenn du willst, kannst du auch etwas Lebensmittelfarbe beimischen und deine Kreide damit fröhlich tönen. Sollen die vier Stücke unterschiedliche Farben bekommen, musst du den Gips entweder auf verschiedene Gefäße verteilen. Oder du machst es so: Befülle mithilfe des Löffels die erste Gussform mit ungefärbtem Gips, gib dann gelbe Farbe in den Rest. Fülle die nächste Form, gib blaue Farbe zum Rest, sodass sich die Masse grün färbt, und befülle damit die verbliebenen Formen.

- Jetzt ist nur noch Geduld gefragt, denn die Kreide muss trocknen. Und das dauert. Mindestens einen, besser zwei Tage solltest du ihr geben. Dann ist es so weit: Pappröhre ab und fröhlich drauflosgemalt!

***

Ein großer Teil der Kreidevorkommen auf der Erde (die nicht nach dieser Anleitung in deiner Küche zusammengerührt wurden) entstanden in der Zeit der Dinosaurier. Beim Namen dieser Epoche hätte man glatt draufkommen können: Kreidezeit. Sie endete vor 66 Millionen Jahren.

Die Pausen
(bei schlechtem Wetter)

Ding-Dong ... Pause. Deutsch vorbei, Musik beginnt in 20 Minuten. Und bis dahin? Tja, leider regnet es (das hast du natürlich gewusst, seit du heute früh die aufziehenden Cumuluswolken beobachtet hast, siehe Kapitel 1), Rausgehen fällt flach. Aber keine Sorge – auch im Warmen und Trockenen lässt es sich gut aushalten und Spaß haben. Es sei denn, du musst noch schnell irgendwelche Hausaufgaben fertig machen. Ansonsten findest du in diesem Kapitel:

→ Spielereien mit Papier und Stift

→ Bauanleitungen für geniale Papierflieger

→ Anregungen für den nächsten Klobesuch

Monstergalerie: Spielereien mit Papier und Stift

Hast du eine Schwäche für Fantasiewesen? Hier kannst du sie ausleben und Stück für Stück die schrägsten Monster entstehen lassen.

Du brauchst:

- Papier und Stift
- mindestens einen Mitspieler

• Jeder bekommt ein Blatt Papier und Stifte. Dann malt jeder einen Monsterkopf oben auf das Blatt. Wenn du fertig bist, knickst du das Blatt nach hinten um, sodass nur noch der Halsansatz des Monsters zu sehen ist. Dann gibst du das Papier an deinen linken Nachbarn weiter.

• In der nächsten Runde müssen nun Rumpf und Arme gezeichnet werden, dann heißt es wieder umknicken und weitergeben. Genauso verfahrt ihr in Runde 3 mit den Beinen und in der letzten Runde mit den Füßen.

• Am Ende dürfen die Kunstwerke entfaltet und bestaunt werden. Wetten, ihr habt einen ganz schönen Gruselzoo zusammengestellt?

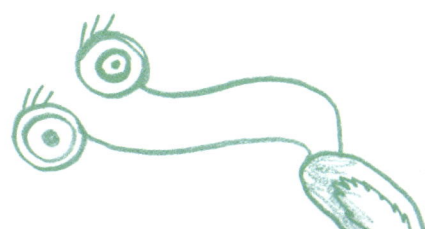

Dichtungsring

Keine Lust auf Zeichnen? Kein Problem, ein ganz ähnliches Spiel gibt es auch mit Schreiben. Lasse mit deinen Mitspielern unsinnige Gedichte entstehen!

Du brauchst:

- Papier und Stift
- mindestens zwei Mitspieler

- Schreibe eine Zeile auf das Blatt und gib es dann an deinen linken Nachbarn weiter.

- Du selbst erhältst von rechts ein Blatt. Lies den Text darauf (zum Beispiel könnte dort stehen: Es regnet, und wir bleiben drinnen) und denke dir eine Zeile aus, die sich darauf reimt (Der Schulhof taugt nur noch zum Schwimmen).

- Knicke das Blatt so nach hinten um, dass die vorhergehende Zeile verschwindet, und gib das Papier wieder nach links.

- Dann wird wieder gedichtet und immer so weiter: Jedes Mal knickst du eine weitere Zeile nach hinten um, sodass für den Nächsten immer nur zu lesen ist, was du eben gerade geschrieben hast.

Tipp: Wem das Reimen zu anstrengend ist, der kann das Ganze natürlich auch mit normalen Sätzen spielen. Statt eines Gedichtes entsteht dann eine Geschichte. Die reimt sich zwar nicht, wird aber sicher genauso abgedreht.

So ein Mist!

Ehrlich gesagt, warum dieses Spiel landläufig »Mist-haufen« genannt wird, erschließt sich nicht von allein. Ist aber auch egal, es macht trotzdem Spaß. Und vielleicht fällt dir ja ein besserer Name dafür ein!

Du brauchst:

- ein großes Blatt Papier und
  drei Stifte in unterschiedlichen Farben
- einen Mitspieler

So geht's:

- Bereite den Spielplan vor, indem du – locker über das Papier verteilt – mit einem der Stifte die Zahlen von 1 bis 20 malst und einkreist.

- Jeder von euch beiden bekommt nun einen Stift. Wer anfängt, verbindet die 1 und 2 (oder A und B) mit einer Linie in seiner Farbe und malt die Kreise aus. Der andere zieht eine Linie von 2 zu 3 (oder B zu C) und malt den zweiten Kreis aus (den mit der 3 oder dem C) – und immer so weiter.

- Dabei solltest du keine Linie kreuzen, denn das gibt einen Minuspunkt. Kreise in deiner Farbe darfst du durchqueren. Ansonsten gibt es auch dafür einen Minuspunkt. Nicht wundern: Es kann manchmal unvermeidlich sein, eine Linie zu kreuzen.

- Das Spiel endet, wenn die letzte Zahl oder der letzte Buchstabe erreicht ist. Nun wird zusammengezählt: Für jeden Kreis in der eigenen Farbe gibt es einen Pluspunkt. Von deren Summe ziehst du deine Minuspunkte ab. Wer hat gewonnen?

5

4

Voll auf Draht

Klar, es macht Spaß, gemeinsam Bilder zu malen. Wie die Monster weiter oben. Aber nicht immer findest du einen Mitstreiter, der genau dann Lust zum Zeichnen hat, wenn du sie oder ihn brauchst. Unterstützung bei der Ideenfindung kannst du trotzdem bekommen. Zum Beispiel von … Büroklammern.

Du brauchst:

- ein paar Büroklammern
- Papier und Stifte

So geht's:

- Verteile die Büroklammern auf dem Papier, du kannst sie auch in eine andere Form biegen.

- Betrachte die Klammern eine Weile: Wovon könnten sie den Anfang darstellen?

Vielleicht von einer Kuh?

Von einer Rakete?

Von einem Mann mit Riesenzinken?

89

Lass mal spänen!

Keine Büroklammern parat? Dasselbe Kunststück kannst du auch mit Spänen von Bunt- oder Bleistiften aus deinem Anspitzer vollführen. Dabei kommen die überraschendsten Bilder heraus.

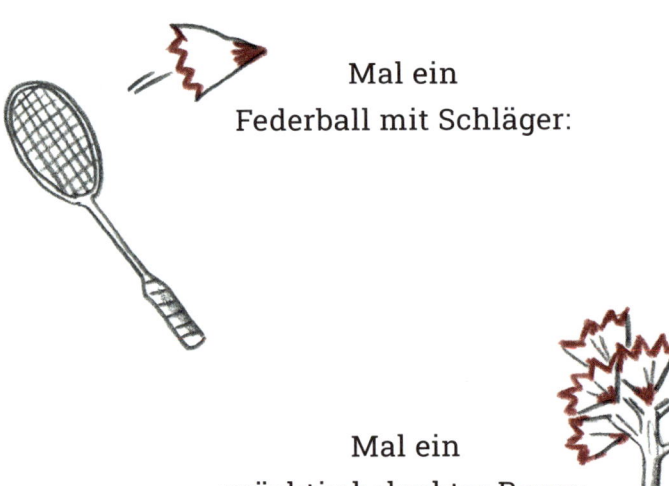

Mal ein
Federball mit Schläger:

Mal ein
prächtig belaubter Baum:

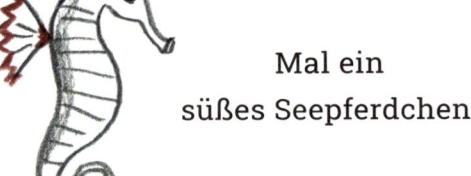

Mal ein
süßes Seepferdchen:

Alter Falter: geniale Papierflieger

Wirklich flugfähige Papierschwalben zu falten, ist eine kleine Kunst, um die man dich beneiden wird. Toll: Ihr könnt mit Flugwettbewerben die Regenpausen verkürzen. Und auch das verhauene Diktat oder die misslungene Mathearbeit kann dir als Langstreckenschwalbe oder Loopingkünstler noch mal ganz anders ans Herz wachsen.

Die Schwalbe

Na ja, wie ein Vogel sieht dieser Gleiter vielleicht nicht gerade aus. Aber hast du mal eine Schwalbe* fliegen sehen? Das Papiermodell bewegt sich ganz ähnlich durch die Lüfte.

Hat zwar nichts mit Papierfliegern zu tun, ist aber trotzdem spannend: Die Küstenseeschwalbe ist der Zugvogel mit der längsten Reiseroute, rund 30.000 Kilometer im Jahr legt sie zurück. Manche Exemplare kommen sogar auf das Dreifache!

1 Knicke das Blatt einmal der Länge nach in der Mitte. Falte dann die beiden linken Ecken zur Mittellinie, sodass eine Spitze entsteht:

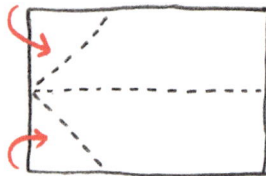

2 Falte diese Spitze großzügig nach rechts – so wie du es auf der Abbildung sehen kannst:

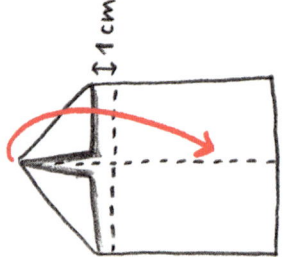

3 Knicke die neu entstandenen Ecken an der linken Seite wiederum zur Mittellinie. Das kleine

Dreieck, das darunter hervorschaut, faltest du nach links.

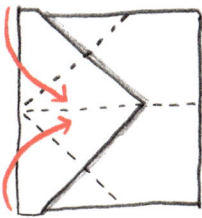 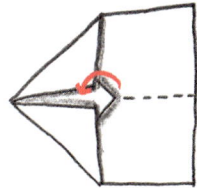

4. Drehe das Blatt auf die Rückseite und halbiere den Flieger mit einem Knick entlang der Mittellinie. Jetzt noch die Tragflächen runterfalten, und du bist fertig zum Abflug:

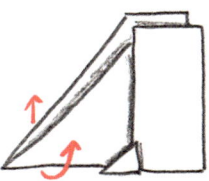 

Der Kurvenkönig

Der Klassiker unter den Kunstfliegern. Wie er seine Loopings und Pirouetten dreht, hängt ganz von dir ab!

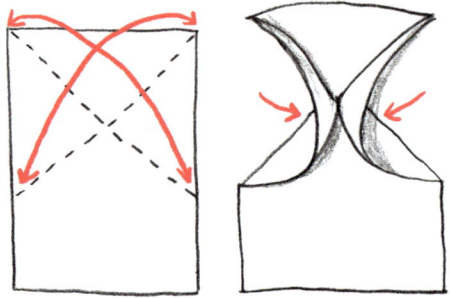

1 Falte die rechte obere Ecke zur linken Blattkante und zurück, danach die linke Ecke zur rechten Kante.

2 Falte das Ganze nun so, wie du es auf der Abbildung siehst.

3 Knicke die beiden Spitzen links und rechts nach oben.

4 Dann klappst du die »Schnauze« deines Fliegers nach unten ein.

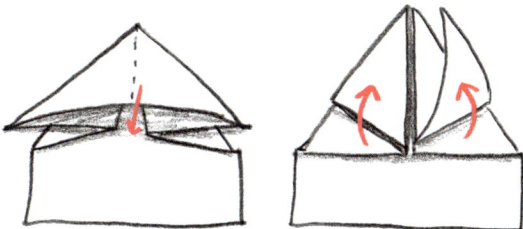

5 Halbiere den Flieger mit einem Knick entlang der Mitte und falte die Tragflächen nach außen.

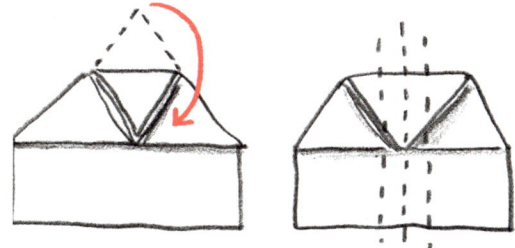

6 So fliegt dein Kurvenkönig zwar schon halbwegs. Ein echter Meister der Lüfte wird er aber, wenn du die Außenkanten der Flügel hoch-stellst – und mithilfe einer Schere den Tragflä-chen kleine Laschen verpasst. Die sind wie die Höhen- oder Querruder bei einem Flugzeug. Biege sie mal nach oben, mal nach unten und schau, was das mit der Flugbahn macht. Er-staunlich, oder?

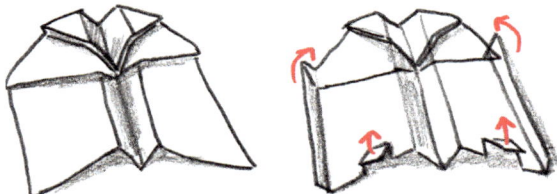

Die Rolle

Keine Flügel und will trotzdem fliegen? Und ob! Dieses runde Ding düst so mancher Schwalbe locker davon.

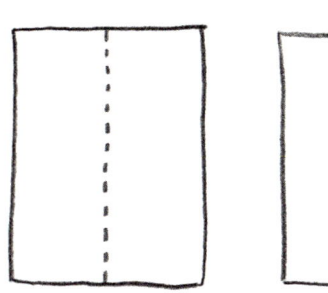

1. Knicke das Blatt einmal der Länge nach in der Mitte.

2. Falte eine der langen Seiten auf den Mittelfalz.

3. Falte die neue entstandene Kante wiederum auf den Mittelfalz.

4. Und dann – Überraschung! – das Gleiche noch einmal.

5 Jetzt biegst du das Ganze zu einer hübschen Röhre, steckst die kurzen Seiten ineinander und legst einen Streifen Klebeband darüber.

6 Fertig! Nimm deine Flugrolle zwischen Daumen und Mittelfinger, das dicke Ende nach vorn und wirf sie – am besten leicht nach oben und so, dass sie sich dabei um sich selbst dreht, also einen sogenannten »spin« bekommt. Das stabilisiert die Flugbahn

Von der Rolle: Anregungen für den nächsten Klobesuch

So. Gleich klingelt's.

Noch mal auf die Toilette, ehe die nächste Stunde beginnt?

Zugegeben, Schulklos sind nicht die Orte, an denen man sich länger als nötig aufhält (es sei denn, um während einer Klassenarbeit zu spicken, siehe Kapitel 3.).

Doch mit diesen beiden Faltanleitungen für Klopapier wird das stille Örtchen zumindest ein wenig freundlicher. Und ein lustiger Zeitvertreib ist es auch!

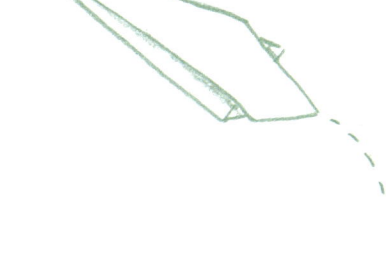

Das Herz

1 Schneide oder reiße das Papier in der Mitte etwa zwei Zentimeter weit ein und falte die Ecken auseinander, sodass zwei kleine Dreiecke entstehen.

2 Falte die Ecken der Außenkanten so nach innen, dass wiederum zwei Dreiecke entstehen. Sie sollen genau so groß sein wie die beiden anderen.

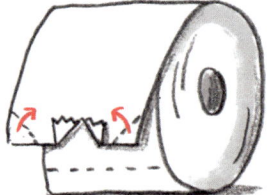

3 Rolle das Papier etwas ab, sodass du die untere Kante komplett nach oben knicken kannst.

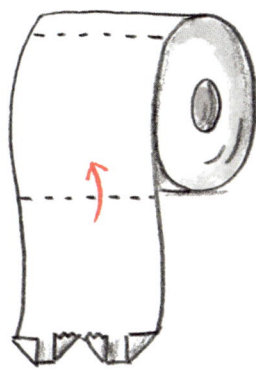

4 Schiebe die neu entstandenen Ecken links und rechts unten so hinter das Blatt, dass eine Herzform entsteht.

Das Schiffchen

1 Rolle ein wenig von dem Papier ab, falte die beiden Ecken zur Mitte, sodass eine Spitze entsteht, und lege diese wieder auf die Rolle.

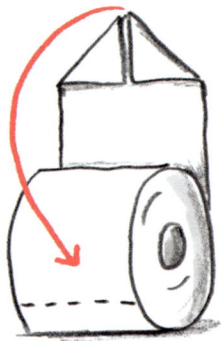

2 Diese Spitze soll noch spitzer werden!

3 Falte die Ecken abermals nach innen – und dann das Ganze nach oben.

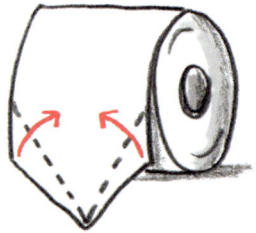 

4 Drehe die Rolle etwas zu dir und knicke den unteren Teil des großen Dreiecks nach oben, wie du es auf der Abbildung siehst.

5 Jetzt noch die Außenkanten des Rumpfes nach hinten geklappt, sodass Bug und Heck deines Bootes schön schnittig daherkommen.

6 Nun kann der nächste Klobesucher auf große Fahrt gehen ...

Der Wandertag

Kinder lernen ständig etwas dazu (sogar manche Erwachsene schaffen das angeblich noch …). Und zwar nicht nur in Deutsch, Sachkunde und Co. Sondern zum Beispiel auch beim Wandertag – für manche der Höhepunkt des Schuljahres. Ganz egal, ob der Ausflug ins Museum geht oder ihr als Naturentdecker den Stadtwald unsicher macht. Besonders toll: viel gemeinsame Zeit mit den Mitschülern. Und wie füllt man die?

In diesem Kapitel werden dir präsentiert:

→ Tipps für die Wandertagsausrüstung
→ Rezepte für unterwegs
→ Spielideen für die ganze Klasse

Echt anziehend: Tipps für die Wandertagsausrüstung

Was du in Sachen Klamottenauswahl von der Zwiebel lernen kannst, hast du schon in Kapitel 1 erfahren. Der Unterschied zwischen Wander- und stinknormalem Schultag ist: Bei Letzterem kannst du in der Regenpause drinbleiben. Mitten im Wald ist es schon schwieriger, dem plötzlichen Guss zu entgehen. Das heißt: Es sei denn, es bleibt garantiert warm und trocken, stecke immer eine Regenjacke und auch einen Pulli ein (zuweilen gehen Schauer mit empfindlicher Abkühlung einher).

Sind umgekehrt Wärme und Trockenheit garantiert, bist du gut beraten, einen Sonnenschutz* zu tragen, Mütze, Kappe – oder ein fesch geknotetes Kopftuch ...

Achtung, Irrtum! Die meisten Menschen denken, für Sonnenbrand braucht man Sonne. Das stimmt aber nicht. Auch wenn der Sommertag grau ist, dringen noch immer 90 Prozent der UV-Strahlen durch. Also bitte: Trotz Wolken Mütze tragen und gut eincremen!

Sehr hip (und auch hop)

Kopftuch, denkst du, trägt man nur als muslimische Frau, vielleicht noch als Schauspieler aus »Fluch der Karibik«? Weit gefehlt!

Das ist genauso falsch wie Kopftuch = Kopftuch.

Es gibt wahrscheinlich Hunderte Techniken, die Rübe mal mehr, mal weniger kunstvoll mit einem Stoffstreifen zu schützen.

Mit dieser hier wirst du garantiert bei allen deinen Mitschülern punkten: Das sogenannte Durag stammt aus Nordafrika und wurde bei uns vor allem durch Hip-Hopper bekannt gemacht.

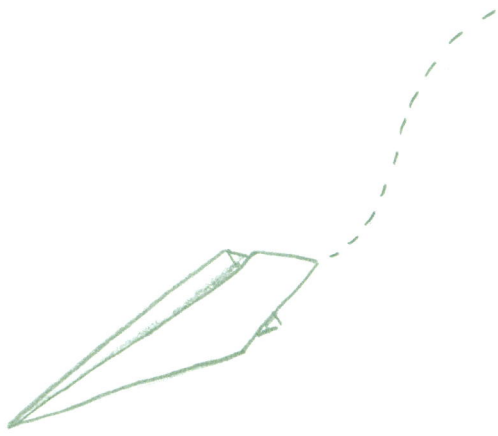

- ein langes, schmales Stofftuch oder einen dünnen Schal (ein dickerer funktioniert natürlich auch. Aber darunter wird es vermutlich etwas warm für einen Sonnenschutz)

So geht's:

1 Lege die Mitte des Tuches über die Stirn, so dass beide Enden gleich lang sind.

2 Ziehe die beiden Enden um deinen Kopf herum und lege sie so übereinander, dass das linke Ende nun rechts liegt, das rechte links. Dann drehst du eines der Enden ein, wie du es auf dem Bild sehen kannst.

3 Lege das gedrehte Ende fest einmal um deinen Kopf herum und stecke sein Ende am Hinterkopf fest.

4 Das Gleiche wiederholst du mit dem anderen Ende des Tuches.

5 Die beiden Tuchenden sollen sich über deiner Stirn kreuzen. Nun kannst du auch das zweite Ende am Hinterkopf feststecken – fertig ist der megahippe Sonnenschutz!

Für Schritt und Tritt

Mindestens so wichtig wie das geeignete Outfit für Kopf und Rumpf ist jenes für die Füße. Oft heißt der Wandertag ja nicht umsonst so. Wähle dein Schuhwerk also mit Bedacht, es soll dich über längere Strecken tragen, ohne dass es reibt und schubbert und du mit Blasen groß wie Hühnereier nach Hause kommst.

Essen fassen: Rezepte für unterwegs

Zu jedem guten Ausflug gehört eine ausgedehnte (Essens-)Pause. Je nachdem, wie diese ausfällt, kannst du mal mit dem einen, mal mit dem anderen Beitrag zur gemeinsamen Verpflegung punkten. Vielleicht versammelt ihr euch am Lagerfeuer? Dann …

(Nicht nur) für Spießer #1

… kommt ein zünftiges Stockbrot immer gut an. Den Teig bereitest du am besten schon zu Hause vor. Die Stöcke sammelt ihr euch vor Ort zusammen.

- 1 kg Mehl
- 5 Esslöffel Pflanzenöl
- 2 Päckchen Trockenhefe
- einen halben Liter warmes Wasser
- je eine Prise Salz, Pfeffer und Zucker
- für jedes Kind einen Stock,
  etwa einen Meter lang

So geht's:

- Vermenge Mehl und Hefe. Gib dann nacheinander Öl, Wasser und die übrigen Zutaten hinzu (außer den Stöcken natürlich ...). Knete alles gut durch, bis der Teig glatt ist und nicht mehr an den Fingern klebt. Tut er es doch, gib noch etwas Mehl hinzu.

- Lass den Teig ruhen. Je länger, desto besser. Das heißt für den Schulausflug, dass du ihn am besten schon am Vorabend zubereitest. Nicht dran gedacht? Auch kein Drama, wird trotzdem funktionieren.

• Bevor es ans Backen geht, knete den Teig noch einmal durch, teile ihn in zwanzig gleich große Portionen und forme daraus etwa fingerdicke Würste. Die wickelst du spiralförmig vom Ende her um jeden Stock.

• Halte nun die Enden über das Lagerfeuer – und zwar besser über die Glut als in die Flammen … Achte auch darauf, den Stock immer wieder zu drehen, damit das Brot von allen Seiten gleichmäßig gart.

Tipp: Wem der Teig so zu öde und zu dröge ist, veredelt ihn vor dem Backen. Zum Beispiel bunte Schokolinsen untermischen. Für die herzhafte Fraktion können es natürlich auch Schinken- und Käsewürfel sein. Mmmmmh!

(Nicht nur) für Spießer #2

Lagerfeuer fällt aus? Es war gar keines geplant? Auch gut, stattdessen wird mit Sicherheit gepicknickt – und dafür kannst du ebenfalls ohne großen Aufwand Überraschendes beitragen. Zum Beispiel diesen Sommerhit.

Du brauchst:

- Wassermelone
- Blaubeeren
- Schaschlikspieße aus Holz
- herzförmige Ausstechform (jede andere Form tut's natürlich auch)

- Schneide die Melone* in Scheiben und stich dann mit der Form Herzen heraus.

- Spieße auf jeden Schaschlikspieß eine Handvoll Blaubeeren, die Melone kommt als krönender Abschluss obendrauf.

Tipp:
Du magst keine Blaubeeren, oder es gibt gerade keine? Dann nimm stattdessen Weintrauben.

*
Die bislang schwerste Melone erntete im Oktober 2013 der US-Amerikaner Chris Kent. 159 Kilogramm wog das Ding und war groß wie ein Kalb. Daraus hättest du locker Melonenspieße für deine ganze Schule herstellen können!

Von der Stange

Melone und Blaubeeren: süß, farbenfroh und gesund. Die beiden ersten Kriterien erfüllt auch dieser Snack. Nur durch und durch gesund ist er vielleicht nicht ...

Du brauchst:

- Grissini
- Kuvertüre
- bunte Streusel

So geht's:

- Schmelze die Kuvertüre wie auf der Packung angegeben.

- Tauche die Teigstangen einzeln je bis zur Hälfte in die flüssige Schokolade.

- Wälze oder bestreue sie zum Schluss mit bunten Streuseln und lass das Ganze trocknen.

Verstecken, nur besser: Spielideen für die ganze Klasse

Verstecken spielen, schön und gut. Kann man machen. Viel mehr Spaß aber macht diese Variante, die auch als A-Zerlatschen bekannt ist.

A-Zerlatschen

Du brauchst:

- drei gleich lange Äste

- Ein Fänger wird bestimmt. Drei der übrigen Mitspieler nehmen je einen Ast und werfen ihn in unterschiedliche Richtungen.

- Der Fänger muss die drei Äste einsammeln und zu einer Pyramide aufstellen, dem »A«. Derweil haben die anderen Zeit, sich zu verstecken.

- Nun geht es los: Der Fänger geht auf die Suche. Entdeckt er einen Mitspieler, muss er zu dem A zurücklaufen und dort den Namen des Kindes rufen. Dieses ist nun gefangen und muss beim A bleiben.

- Gelingt es jedoch einem anderen Spieler, das A zu »zerlatschen«, ohne vorher vom Fänger festgesetzt zu werden, sind alle Gefangenen frei – und haben nun wiederum Zeit, sich zu verstecken, bis das A erneut aufgebaut ist.

- Das Spiel endet, wenn der Fänger alle anderen gefangen hat – oder aufgibt …

Fangt die Fahne!

Dieser Klassiker unter den Geländespielen soll seinen Ursprung in den USA haben.
»Capture the Flag« (oder wie die abgeklärten Profis sagen: CTF) kennt dort jedes Kind*. Zu Recht!

Du brauchst:

- unwegsames Gelände, denn im Wald macht es am meisten Spaß
- zwei gleich große Teams mit jeweils mindestens acht Mitspielern
- je eine Fahne (ein T-Shirt an einen Stock gebunden tut es auch)

*

Der Ursprung von CTF liegt tatsächlich wohl auf den Schlachtfeldern früherer Kriege. Dort galt häufig als Regel: Sobald eine Partei ihre Fahne verloren hat, ist der Kampf entschieden.

- Das Gelände wird in zwei Spielhälften geteilt. Am besten ist es, wenn zum Beispiel ein Weg die Grenze eindeutig markiert.

- Am jeweils entferntesten Ende seiner Spielhälfte platziert jedes Team seine Fahne und versammelt sich darum. Auf ein Signal geht es los:

So geht's weiter:

- Die Teams versuchen nun die gegnerische Fahne zu erobern. Das ist gelungen, sobald die fremde Fahne zur eigenen gebracht wurde.

- Wenn dabei ein Angreifer von einem Verteidiger getippt wird, muss er zurück zu seiner Fahne – und dortbleiben, bis er wiederum von einem Spieler des eigenen Teams freigetippt wird. Die Rollen von Angreifer und Verteidiger wechseln dabei natürlich ständig!

- Wird der Fahnenträger getippt, muss er die Fahne sofort fallen lassen, sie kann nun von jedem anderen genommen werden.

- Wenn die gegnerische Fahne zur eigenen gebracht wird, du dann aber feststellen musst, dass in der Zwischenzeit deine Fahne verschwunden ist, musst du diese erst wiederbeschaffen.

Tipp: Zu schnell vorbei? Ihr könnt vorher vereinbaren, dass das Spiel über eine bestimmte Anzahl
von Runden geht.

Noch ein Tipp: Eigentlich sind die Regeln recht
eindeutig. Falls es Streit gibt, bittet eure Lehrer,
Schiedsrichter zu sein (falls das nicht nötig ist,
lasst sie doch einfach mitmachen. Die haben dabei
garantiert so viel Spaß wie ihr!)

Zu guter Letzt

Ausflug vorbei, alle A's zerlatscht und Fahnen gefangen.

Und dank guter Schuhe sind deine Füße natürlich blasenfrei nach Hause gekommen. Aber vielleicht ein bisschen verschwitzt?

Dann ist es ratsam, den Schuhen zum Beispiel die folgende Behandlung angedeihen zu lassen – sonst müffeln sie irgendwann wie das Affengehege im Tierpark.

Treter-Deo

Gleich nach dem Tragen schiebst du ein paar benutzte, aber gründlich getrocknete Teebeutel in deine Latschen und lässt sie am besten über Nacht drin. Der Tee saugt die Flüssigkeit auf und damit auch den üblen Geruch.

Tipp:
Am besten, du verwendest Pfefferminztee-Beutel.
Dann müffeln deine Treter hinterher sogar nicht
nur – sondern duften wie frisch geputzte Zähne!

7

Für die Hausaufgaben

Schule ist aus, wir gehen nach Haus ... Aufgaben machen. Nervt manchmal, ist aber möglicherweise nicht die dümmste Erfindung der Menschheit. Schließlich sollst du auf diese Weise vertiefen, was du in der Schule gelernt hast. Mit folgenden Tipps klappt es garantiert (besser).

In diesem Kapitel erfährst du nämlich:

→ dass es unterschiedliche Lerntypen gibt

→ wie welcher Typ am besten lernt

→ was du tun kannst, um den Schulstoff möglichst stressfrei abzuspeichern

Stoffsammler: unterschiedliche Lerntypen – und wie sie am besten lernen

Jeder Lehrer ist anders und vermittelt den Lehrstoff auf seine Weise. Das ist zwar hoffentlich diejenige, die er selbst auch für die beste hält – muss deshalb aber noch lange nicht nach deinem Lerngeschmack sein. Denn so unterschiedlich Menschen sind, so verschieden sind sie auch darin, sich Neues anzueignen und zu behalten.

Ganz Ohr

Angeberwissen: Lernforscher nennen ihn den »auditiven Lerntyp«, von lateinisch »audire«, was »hören« bedeutet. Zu dieser Gruppe gehörst du nämlich, wenn du dir neues Wissen vor allem dann einprägen kannst, wenn du es hörst.

Die Formel am Smartboard bleibt für dich Geheimschrift, bis dein Lehrer sie in eigenen Worten erklärt. Dein Lehrer ist aber in der Regel (zum Glück!) nicht

zugegen, wenn du Hausaufgaben* machst. Dann versuche es mit diesen Tipps:

- Lies dir Texte laut vor. Das gilt auch für Vokabeln, die du lernen musst. Über den Umweg Ohr entstehen in deinem Kopf (Klang-)Bilder, die dir beim Verstehen und Behalten helfen.

- Klingt albern, aber führe ruhig Selbstgespräche während der Hausaufgaben. Das kann ein richtiges Frage-Antwort-Spiel sein, bei dem du dir selbst den Lehrer ersetzt.

Der Begriff Hausaufgabe hat sich in Deutschland erst Ende des 19. Jahrhunderts durchgesetzt. Bis dahin war oft von Privatarbeiten die Rede. Egal, wie man es nennt: Schon immer diskutieren Lernforscher darüber, wie sinnvoll diese Aufgaben sind und wie viel es davon geben sollte. In Thüringen und Sachsen-Anhalt zum Beispiel gelten ab der 8. Klasse zwei Stunden täglich als okay. Wow, das steht dort sogar im Gesetz!

- Auditive Typen sind oft geräuschempfindlich. Laute Musik, selbst Staubsauger im Hintergrund, können sie um die Konzentration bringen.
Sorge dafür, dass du beim Lernen deine Ruhe hast.

Alles im Blick

Auch hier hat die Wissenschaft wieder bei den alten Römern geklaut und spricht vom »visuellen Typen«: »videre« bedeutet »sehen«. Zu dieser Truppe gehörst du, wenn du Informationen vor allem über die Augen aufnimmst und speicherst. Mach den Test: Sieh dir ein kompliziertes Schaubild an – und versuche es dann aus der Erinnerung nachzuzeichnen. Gelingt halbwegs? Voilà, du bist »visuell« unterwegs! Der Haken: Bei Lehrern, die nur quatschen, ohne das Gerede mit Bildern und Texten zu begleiten, fällt es dir schwer zu folgen. Es sei denn, du übernimmst das Texten und Bebildern selbst! Und das ist auch gleich der erste Tipp:

● Schreibe im Unterricht möglichst viel mit. Dann kannst du es in Ruhe zu Hause nachlesen.

● Das hat den zusätzlichen Vorteil, dass visuelle Typen bereits beim Schreiben viel von dem verinnerlichen, was sie zu Papier bringen.

● Zum Lernen eignen sich zum Beispiel Karteikarten, etwa für die Vokabeln. Nicht geizen: Eine Karte pro

Begriff ist ideal, dein Gehirn speichert nämlich auch das schiere Schriftbild ab und kann sich später leichter daran erinnern.

- Klebe dir Zettel an Orte, an denen du regelmäßig vorbeikommst. Der Badezimmerspiegel, deine Zimmertür und so. Auf diese Zettel schreibst du Rechenformeln, Vokabeln oder die wichtigsten Geschichtsdaten (1789: Französische Revolution; 2020: dieses Buch erscheint erstmals). Zähle mit, wie oft (beziehungsweise selten) du darauf gucken musst, bis du das Wissen gespeichert hast!

In Bewegung

Hören und sehen, das ist leicht nachzuvollziehen. Dem »motorischen Lerntyp« liegt es hingegen am meisten, Zusammenhänge in Bewegung zu übersetzen. Also möglichst alles immer auszuprobieren, im wahrsten Wortsinne begreifbar zu machen. Bist du ein »Motoriker«, hilft es dir, erst mal das große Ganze zu verstehen, dann ergeben sich für dich daraus die Details.

• Stocksteif am Schreibtisch? Das ist nicht deins! Bleib beim Lernen in Bewegung: Geh in deinem Zimmer hin und her oder drehe eine Runde um den Block.

• Du wirst staunen, wie viel Wissen sich begreiflich machen lässt. Es gibt zum Beispiel Experimentierkästen zu allen erdenklichen Themen. Vokabeln oder Rechtschreibung kannst du mit Magnetbuchstaben oder den Plättchen aus einem Scrabble-Spiel üben. Du hast »Leidensgenossen« gefunden? Perfekt, dann lernt zusammen. Macht aus den Aufgaben kleine Theaterszenen oder Rollenspiele, werft euch im Frage-Antwort-Spiel Vokabeln zu

133

oder die Bestandteile der Milch (vergessen, welche das waren? Kann gar nicht sein, du hast doch
sicher noch den Geschichten-Trick aus den Merk-
techniken in Kapitel 3 parat ... oder etwa nicht?)

Pingpong!

Rollenspiele und Theaterszenen sind ein gutes Stichwort für den »kommunikativen Typ«. So einer bist du, wenn du schlecht allein lernen kannst. Wenn es dir hilft, dich mit anderen über das Gelernte auszutauschen. Nicht, weil sie es dir erklären müssen – sondern weil sich durch das Pingpong des Gesprächs, Frage-Antwort-Frage-Antwort, die Informationen erst richtig festsetzen.

- Mach mit deinen Lernpartnern eine Quizshow aus den Hausaufgaben.

- Entwickle daraus, wie bei deinem Kollegen, dem motorischen Typ, ein Rollenspiel.

- Solltest du keinen Lernpartner finden (oder hat dieser mal keine Zeit), müssen Eltern* oder Geschwister herhalten, denen du die Aufgabe und ihre Lösung vorträgst.

Zum Abschluss noch dies: Ganz egal, welcher Lerntyp du bist. Es ist immer gut, erst einmal Platz im Kopf zu machen, bevor du anfängst.

- Komm zur Ruhe, schließe einen Moment die Augen und atme ein paarmal tief ein und aus.

- Handy weg! Und auch alles andere, das dich ablenken und aus der Konzentration reißen kann.

- Verschaffe dir einen Überblick, was zu tun ist. Viel? Okay, dann teile den Riesenbrocken in handliche Portionen und plane nach jeder ein Päuschen zur Belohnung ein. In kleinen Häppchen erscheint die Arbeit viel leichter zu bewältigen – und ist es auch!

Bei einer großen Umfrage kam heraus, dass fast zwei Drittel aller Eltern ihren Kindern bei den Hausaufgaben helfen. Deine auch? Tja, das ist nett gemeint, schießt aber schnell übers Ziel hinaus: Hausaufgaben sind nicht dazu da, die Lehrer mit einem fehlerfreien Arbeitsblatt zu beeindrucken!

Fürs Miteinander

In der Schule geht es längst nicht nur ums Rechnen, Schreiben, Lesen. Mindestens so viel lernst du in den unzähligen Stunden deines Lebens, die du hier verbringst, über – Menschen. Dass menschliches Miteinander etwas sehr Schönes ist. Aber auch eeeeecht anstrengend werden kann. Weil es dir vielleicht schwerfällt, nach einem Schulwechsel neue Freunde zu finden oder einfach nur, weil der Klassenclown ständig nervt ...

In diesem Kapitel findest du unter anderem:

→ eine Übersicht der gängigsten Schülertypen

→ Tipps zum Freundefinden

→ was gegen Mobbing hilft

Streber, Clowns und Außenseiter: die gängigsten Schülertypen

Schon klar, wir sind alle was Besonderes. Du, deine Mitschüler – alle. Wenn du genau hinsiehst, stellst du trotzdem fest: Es gibt bestimmte Typen, es gibt Rollen, die offenbar in jeder Klasse besetzt sein müssen. Hier ist eine Übersicht. Na ... wohin gehörst du?

Immer vorn!

Er oder sie weiß stets eine Antwort, wenn die Lehrer fragen, schreibt unentwegt nur gute Noten. Doch Vorsicht, hier gibt es zwei Typen: Erstens der Klassenprimus, dem es einfach zuzufallen scheint, ohne dass er sich groß anstrengen muss. Im Idealfall ist der Primus ein netter Kerl, der Kollegen gern mal abschreiben lässt oder bei Schwierigkeiten hilft. Auf der anderen Seite steht, zweitens, der Streber. Der guckt nur verbissen auf sich selbst, will der Beste sein, ohne andere neben sich gelten zu lassen. Unangenehm!

Schleim, schleim!

Der Streber kann, muss aber nicht, zugleich die Rolle des Schleimers innehaben. Der seinen Lehrern unbedingt gefallen will und ihnen dafür auch schon mal die sprichwörtliche Tasche hinterherträgt. Manche Streber schleimen aber auch bloß, um darüber hinwegzutäuschen, dass sie vom Lernstoff keinen blassen Schimmer haben.

Amtsträger

Manch Schleimer oder Streber wäre dann auch noch gern Klassensprecher. Damit kann man zeigen, dass man Verantwortung übernimmt. Auch das kommt bei Lehrern in der Regel gut an. Problem an dieser Stelle: Klassensprecher werden von ihren Mitschülern gewählt. Wen keiner mag, wird es daher schwer haben. Und so fällt dieses Amt doch eher an die beliebten Kinder, gern auch an den Primus.

Immer lustig!

Jede Klasse braucht ihren Clown, ihren Kasper, ihren Sprücheklopfer, der alles und jedes kommentieren muss. Aber auch hier gibt es einen gewaltigen Unterschied. Zwischen solchen, die einfach witzig und schlagfertig sind, und mit ihrer Art für gute Stimmung sorgen – und solchen, die mit ihren Zwischenrufen nur stören und alle nerven.

Am Rand

Die Regel ist, dass jedes Kind zur Klassengemeinschaft gehören will. Die Ausnahme sind die Außenseiter. Die lieber Computerprogramme schreiben als mit ihren Freunden spielen; oder so sehr in Büchern versinken, dass sie die Welt gar nicht wahrnehmen. Oft sind das ganz reizende Zeitgenossen, man muss nur erst einmal schaffen, an sie heranzukommen. Versuche es, das lohnt sich!

Unterm Rad

Die Außenseiter können aber auch Pech haben. Dann werden sie zu Opfern – gemobbt, gehänselt und links liegen gelassen von ihren Mitschülern. Das passiert leider schnell und gar nicht so selten. Ist aber für niemanden gut. Für die Betroffenen sowieso nicht und auch nicht für die Klassengemeinschaft. Sorge dafür, dass es bei euch nicht so weit kommt!

Und was machst du so? Tipps zum Freundefinden

Hast du mal überlegt, wie viel Zeit deines Lebens du in der Schule und folglich mit deinen Mitschülern verbringst? Vielleicht sogar mehr als mit deiner Familie! Gut beraten ist also, wer in seiner Klasse schnell Freunde findet. Einigen geht das leicht von der Hand, die müssen gar nicht darüber nachdenken. Für andere gibt es hier ein paar Tipps:

Gleiche Interessen

Ihr spielt beide gern Fußball, seid Fans desselben Vereins? Du liest viel, am liebsten Geschichten mit Magie und Zauberei – und der Junge am Nachbartisch offenbar auch (oder warum trägt er sonst immer diesen Harry-Potter-Schal)? Nichts leichter als über gemeinsame Themen ins Gespräch zu kommen. Schon ist der erste Schritt gemacht …

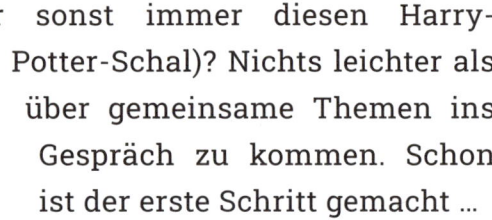

Körpersprache

… wobei: Wenn du auf den Mitschüler zugehst, die Arme vor der Brust verschränkst und ihn erst von oben herab musterst, ehe du ihn nach seinem Lieblingsfußballer fragst: nicht gut. Genauso doof, wie dein Gegenüber nicht anzusehen, wenn du es ansprichst. Körpersprache macht eine Menge aus und entscheidet oft darüber, ob wir jemanden mögen oder nicht. Stell dich doch mal vor einen Spiegel und quatsche dich selbst an. Gefällt dir, was du siehst?

Sei echt!

Trotzdem sollst du dich nicht verstellen, sondern natürlich sein. Ganz du selbst. Tue nichts, nur um zu gefallen. Das geht auf Dauer nicht gut. Und ist vor allem nicht auf Augenhöhe. Leider gibt es Mitmenschen, die gar keine echten Freunde suchen – sondern bloß Bewunderer, von denen sie angehimmelt werden und die alles für sie tun. Halte dich von solchen Leuten fern.

Dranbleiben!

Okay, du hast deinen Schweinehund überwunden und das nette Mädchen in der großen Pause angequatscht … und nun? Denke nicht, dass du damit deinen Teil getan hast. Freundschaft ist immer auch Arbeit, erst recht Freundschaften aufzubauen. Wenn nicht sofort die Einladung zum Eisessen zurück-

kommt, heißt das noch lange nicht, dass das nette
Mädchen in Wahrheit eine doofe Zicke
ist. Vielleicht ist sie bloß schüch-
tern? Genauso unsicher wie du?
Bleib also dran, gib jedem mehr
als nur die eine Chance. Das
würdest du dir doch auch von
anderen wünschen.

Da hört der Spaß auf!
Was gegen Mobbing hilft

Jetzt kennst du die üblichen Typen jeder Klassengemeinschaft, weißt, wie du Freunde finden kannst. In einer perfekten Welt ist also alles da, damit sich alle mögen – oder zumindest anständig miteinander umgehen. In der wirklichen Welt läuft das leider oft anders. Wenn etwa die Außenseiter unter die Räder kommen – und gemobbt werden.

Mobbing, was ist das eigentlich?

Vielleicht weißt du es längst, vielleicht habt ihr in der Klasse schon darüber gesprochen. Ansonsten kann man kurz zusammenfassen:

- Werden Kinder regelmäßig gehänselt*, beschimpft, bloßgestellt oder gar bedroht, dann spricht man von direktem Mobbing.

- Wird über sie gelästert, wenn sie nicht dabei sind,

werden sie ausgegrenzt, nie zum Geburtstag ein-
geladen und dürfen nicht einmal auf dem Pausenhof mitmachen, wenn alle die Springseiltricks
aus Kapitel 4 üben, werden ihnen gar Sachen geklaut oder kaputt gemacht, heißt das indirektes
Mobbing.

Beides ist total daneben, gegen beides muss man
etwas tun!

*

*Hänseln gibt es, greteln nicht. Das Wort hat eine ganz an-
dere Herkunft und mit dem bekannten Märchen gar nichts
zu tun. Ursprünglich wurde jemand durch das Hänseln in
die Gemeinschaft der Hanse aufgenommen. Das war jahr-
hundertelang ein mächtiges Handelsbündnis in Europa. Zu
diesen Aufnahmen gehörten oft Mutproben, die der Kandi-
dat über sich ergehen lassen musste.*

Bist du betroffen?

- Mach dir und anderen bewusst, dass der Fehler nicht bei dir liegt. Die Arschnasen, die dich ärgern, passen nicht in die Gemeinschaft. Du jedoch sehr wohl!

- Du bist kein Opfer. Niemand zwingt dich, diese Rolle anzunehmen. Versuche, Selbstbewusstsein zu zeigen. Auch hier spielt Körpersprache eine große Rolle: Kopf hoch, feste Stimme ...

- Stelle die Täter zur Rede: Warum tun sie das? Mach dir klar: Die haben ein Problem, nicht du!

- Vertraue dich Freunden an, sprich mit deinen Eltern. Es ist gut, Konflikte untereinander zu lösen. Und wenn alles nichts hilft, geh zu deinen Lehrern.

Sind andere betroffen?

- Zeige dem Gemobbten, dass du auf seiner Seite bist.

- Tu dich mit anderen zusammen, um den Doofies Einhalt zu gebieten.

- Sprich deine Lehrer an, wenn es sein muss.

- Redet in der Klasse darüber und vereinbart klare Regeln fürs tägliche Miteinander. Verabredet auch, welche Folgen das Nichtbefolgen hat. Keine Regel bringt etwas, wenn man sie brechen kann – und nichts geschieht.

Zu guter Letzt!

Es ist, wie gesagt, seeeeehr viel Zeit, die ihr als Klasse gemeinsam verbringt. Ihr erlebt zusammen ganz viele tolle Dinge und sicher auch ein paar doofe. Dabei habt ihr selbst mehr in der Hand, als du vielleicht denkst: Die Stimmung in einer Klasse, die Gemeinschaft – das hängt von jedem Einzelnen ab. Natürlich gibt es auch Dinge, die wie Kitt für zusätzlichen Zusammenhalt sorgen, beispielsweise gemeinsame Projekte:

Renate, unser Klassenschwein

- Übernehmt eine Tierpatenschaft ... es gibt so viele Möglichkeiten!

- Legt als Klasse ein Gemüsebeet an und ladet einmal im Jahr zum großen Erntefest.

- Beteiligt euch an Wettbewerben, bei denen Klassen zusammen antreten können.

#Vergiss nicht:

In der Schulzeit entstehen Freundschaften fürs Leben. Und selbst, wenn du nach der Schulzeit jemanden aus den Augen verlierst, wirst du ihn oder sie oft mit breitem Grinsen begrüßen, wenn nach 15 oder 20 Jahren (mit anderen Worten: in ferner Zukunft) zum Klassentreffen geladen wird. Echt wahr!

Verg, Martin:
Schweigefuchs und Flitzepause –
Tipps für deinen perfekten Schultag
ISBN 978 3 522 18546 2

Gesamtgestaltung und Einbandtypografie: Tine Schulz
Lektorat: Natalie Tornai
Innentypografie und Layout: Bettina Wahl
Reproduktion: HKS-artmedia, Ostfildern
Druck und Bindung: Livonia Print, Riga

© 2020 Thienemann
in der Thienemann-Esslinger Verlag GmbH, Stuttgart
Printed in Latvia. Alle Rechte vorbehalten.

Martina Baumbach, Imke Sönnichsen

Die Tierwandler
Unser Lehrer ist ein Elch

192 Seiten · Gebunden · Band 1
ISBN 978-3-522-18538-7

Merle und Finn sind baff: Sie werden vom Zwergschwein des neuen Lehrers für eine besondere Sport-AG ausgewählt! Das allein wäre ja schon merkwürdig genug, doch dann verrät ihnen Herr Olsson in der 7. Stunde die eigentliche Sensation: Sie sind Tierwandler! Kann Merle deshalb mit Tieren sprechen? Den geheimen Unterricht jedenfalls kann sie kaum erwarten: Welches Tier steckt wohl in ihr?

Für jeden Abenteurer ...

Martin Verg, Thorsten Saleina

Das streng geheime Räuberhandbuch

152 Seiten · Gebunden
ISBN 978-3-522-18505-9

Du willst wissen, ob du das Zeug zum Räuber hast? Dann lerne vom berühmtesten aller Räuber, dem Räuber Hotzenplotz! Was du bei einem Lagerfeuer beachten musst, welche Geheimschriften es gibt und wie deine Räuberhöhle so richtig gemütlich wird – all das und noch viel mehr steht in diesem Buch. Und das Beste daran: Der Räuber Hotzenplotz verrät dir seine allergeheimsten Tricks.

THIENEMANN
Wir schreiben Geschichten!

www.thienemann.de

Michael Ende, Max Kruse,
Otfried Preußler u.a.

Ich kann lesen!
Die besten Geschichten
zum Selberlesen

208 Seiten · Gebunden
ISBN 978-3-522-18521-9

Turbulente Abenteuer und lustige Geschichten mit beliebten Figuren wie Dr. Brumm sorgen für unterhaltsame Stunden und machen Lust auf mehr.

Von großen Autoren für kleine Leser: Geschichten, Reime und Rätsel von bekannten deutschen Kinderbuchautoren und viele bunte Bilder. Mit der erprobten blauen Schrift wird das Lesen kinderleicht!

So macht Lesen Spaß!

Sabine Hannich, Dirk Hennig
Ich kann lesen!
Die besten Schülerwitze

160 Seiten · Broschur
ISBN 78-3-522-18522-6

Viele lustige Sprüche, Witze und Scherzfragen für Leseanfänger!

Ob zu Hause, unter Freunden oder auf dem Schulhof: Gute Laune ist mit dieser Sammlung kurzer Witze garantiert. Lesen-üben muss nicht langweilig sein!

Mit der erprobten Schrift wird das Lesen kinderleicht!

THIENEMANN
Wir schreiben Geschichten!

www.thienemann.de